Reinhard Goltz

Von Blubberbüxen, Landhaien und Troonbüdels
Das Schimpfwörterbuch für Hamburger

Mit Illustrationen
von Johannes Nawrath

Verlag Schuster Leer

Biographische Notiz

Dr. phil. Reinhard Goltz, *1953 Hamburg-Finkenwerder, arbeitet seit 1983 an der Universität Kiel, seit 1992 als Leiter der Arbeitsstelle ›Preußisches Wörterbuch‹. Er verfaßte Aufsätze zum Niederdeutschen, zur Sprache und zur neueren Mundartliteratur, ist freier Mitarbeiter des NDR und spielt in dem Kabarett-Ensemble ›De scheeve Dree‹.

ISBN 3-7963-0322-6
1. Auflage 1995
© Text 1995: Verlag SCHUSTER 26789 Leer
© Grafik 1995: Johannes Nawrath, Hamburg
Veröffentlichungen in Medien gleich welcher Art bedürfen
einer vorherigen schriftlichen Genehmigung.
Lektorat: Theo Schuster
Schrift: Rotis Antiqua 9° / 11°
Gesamtherstellung: Hans Kock Buch- und Offsetdruck GmbH, Bielefeld
Printed in Germany

Inhalt

Vorwort   7

Schimpfwörter von ›Achterloder‹ bis ›Zwickel‹   11

Wegweiser   146

VORWORT

Mi köönt se all mol! Diese ebenso drastische wie selbstbewußte Aufforde-
rung gilt als typisch hamburgisch. Der besondere Charakter wird klar, wenn
man in andere deutsche Landschaften blickt. Der Berliner etwa sagt eigent-
lich das Gegenteil, wenn er genau dasselbe ausdrücken will: *Mia kann
keena!* Und in Bayern kommt man gar nicht über das eigene Ich hinaus,
wenn es heißt: *Mia san mia!* Dagegen klingt das Hamburger *Mi köönt se all
mol* richtig weltoffen. Grundlage für diese unterschiedlichen Selbstdarstel-
lungen ist allerdings kein wie auch immer gearteter regionaler Humor, der
einem bestimmten Menschenschlag zu eigen ist. Den Hamburger erkennt
man vielleicht auf der Autobahn durch sein aufdringliches HH und in der
Unterhaltung an einer besonders nasalierten Aussprache (sie sind nicht alle
erkältet, sie können einfach nicht anders). Aber macht das schon einen
Menschenschlag aus? Es sind wohl doch eher die vielschichtigen Traditio-
nen und Erfahrungen im Umgang mit den Mitmenschen sowie bei der
sprachlichen Aneignung der Welt. Man mag das an den kleinen Nickligkei-
ten ablesen, die jeweils den Bewohnern der benachbarten Stadtteile zuge-
schrieben werden: Ein Mensch aus Blankenese hat eben ein anderes Image
als der aus Wilhelmsburg oder Sankt Georg.

An de Alster, an de Elbe, an de Bill... Die vielbesungenen Flüsse Hamburgs
stehen für die unterschiedlichen Gesichter der Stadt: die Alster vornehm
und edel, mit direktem Zugang zum Rathaus und zur Börse, die Elbe
schmutzig und breit, ein Lebensmittelpunkt für viele Menschen, die Bille
klein und unbedeutend, als Übergang zu einem durch die Landwirtschaft
bestimmten Umland.

Besonders prägend für das Bild des Hamburgers ist nach wie vor der Hafen
mit seiner ihm eigenen Atmosphäre: Betriebsamkeit, Verkehr, Schiffe,
Stück- und Massengüter, Container, Teer, Fische, Salzwasser, Fernweh.
Aber der Hafen ist nur ein − wenngleich wichtiger − Teil Hamburgs und
seines Selbstverständnisses. Eng mit ihm verbunden ist das Sankt-Pauli-
Milieu mit seiner Mischung aus nachbarlicher Kneipenharmonie und Tin-
geltangel, aus Amüsement, Abzocken und käuflicher Liebe. Die traditionell
hamburgischen Elemente − und nicht zuletzt auch das Plattdeutsche −
sind dabei zum Teil verschüttet worden; das gilt in besonderem Maße für
die spezielle Sprache des Kiez.

Daß es in einer so vielschichtigen Stadt genug Gründe für Unmutsäußerun-
gen aller Art gibt, liegt auf der Hand. Ob der Elbtunnel verstopft ist, der
HSV sein drittes Heimspiel in Folge vergeigt, der Nachbar mal wieder sein
Auto auf dem Gehsteig parkt oder in der Chefetage am Ballindamm trotz

sprichwörtlicher hanseatischer Tüchtigkeit ein Millionengeschäft geplatzt ist – geschimpft wird in Hamburg nicht nur auf dem Fischmarkt.

Daß Schimpfen zu den grundlegenden Ausdrucksformen menschlichen Daseins zählt, bedarf eigentlich keiner besonderen Erwähnung. Schon der römische Philosoph Humulus (27 v. – 27 n. Chr.), ein Schüler von Splinius dem Älteren, beleuchtete den Satz 'iurgo ergo sum' in seinem Traktat 'exsecrari necesse est'. Längst wissen wir, daß die Menschheitsgeschichte ohne Schimpf und Fluch nicht ihren bekannten Weg genommen hätte. Dabei hat Schimpfen immer mehrere Seiten: jemand macht sich Luft, befreit sich, findet ein Ventil für aufgestaute Energie, was grundsätzlich seiner gesundheitlichen Verfassung zuträglich ist. Sodann stellt er einen Abstand her zwischen sich und dem Objekt der Beschimpfung. Hiermit aber ist immer auch eine Aneignung verbunden, denn über Belangloses läßt man sich nicht aus. In Hamburg kann man diese Art der besonderen Verbundenheit nicht zuletzt an Namen wie *Angströhr* für den Elbtunnel ablesen.

Die Spanne all dessen, was unter die Rubrik *Schimpfen* fällt, ist bekanntlich recht breit: Sie reicht vom leicht ironischen Seitenhieb über die zynische oder bissige Randbemerkung bis hin zur bösartigen Beleidigung und Ehrabschneidung. Grundlegend ist aber immer, daß zum Schimpfen zumindest zwei gehören: der eine, der einen Mitmenschen treffen will, und der andere, der sich getroffen fühlt. Gemeint ist die klassische Form der direkten Konfrontation, in der unsere Schimpfkultur ihre prägnanteste Gestalt gefunden hat. Das *Opfer* muß aber nicht zwingend anwesend sein. Einem hochrangigen Politiker kann man eben nicht die Meinung ins Gesicht sagen, und doch wird sprachlich so manch ein Giftkübel über ihn ausgeschüttet – sei er nun Bundeskanzler oder Erster Bürgermeister.

Auch wenn sich Schimpfen zumeist im privaten Bereich abspielt, so sind wir doch nur zu gern bereit, Vorbilder aus dem öffentlichen Leben auf uns wirken zu lassen. Hamburg kennt solche Vorbilder, die zu allseitigem Spott Anlaß gaben: Typen wie den Wasserträger Hummel-Hummel, Aal-Weber oder die Zitronen-Jette, daneben als erfundene Figuren Klein Erna oder Hein un Fietje. Der vielleicht erfolgreichste Hamburger Schimpfer aber war ein Politiker, der von 1949 bis 1983 den Wahlkreis Hamburg-Harburg im Deutschen Bundestag vertrat: Herbert Wehner. Neben so gängigen Formen wie *Lügner*, *Strolch* und *Schwein* sowie Neuschöpfungen wie *Düffel-Doffel* erprobte und kultivierte er im Hohen Haus vor allem seine Fähigkeit, neutralen Wörtern der deutschen Sprache eine ganz besondere Würze zu verabreichen. Wer als *Regisseur*, *Flaschenkopf* oder gar als *Frühstücksverleumder* abgekanzelt wurde, der wußte schon, daß es sich hierbei keinesfalls um Belanglosigkeiten handelte. Denn die Beleidigung ist nie ausschließlich in einem einzelnen Wort enthalten. Lautstärke, Satzbetonung und Körperhaltung spielen eine Rolle. Und man muß noch mehr erfahren: Wie stehen die Streithähne zueinander? Gibt es eine Vorgeschichte? Welche Reaktion des Gegenüber ist geplant, und welche stellt sich tatsächlich ein?

Zum richtigen und angemessenen Schimpfen gehört also viel Erfahrung: man muß wissen, an welcher Stelle man treffen oder verletzen kann. Da hilft nur *learning by doing*: Gutes Schimpfen lernt man am erfolgreichsten durch Anwendung. Und so versteht sich dieses Buch als Anregung und Aufforderung gleichermaßen. Doch ist gerade bei der *trial and error*-Methode Vorsicht geboten, denn manch ein Wort oder eine Formulierung erfüllt durchaus den Tatbestand der Beleidigung oder Verunglimpfung und kann strafrechtlich verfolgt werden. Da hilft es auch nichts, daß wir es hier mit plattdeutschen Wörtern zu tun haben. Denn so gemütlich, so nett wie die Folkloristen, die Heger und Pfleger die niederdeutsche Sprache gern hätten, ist sie nun mal nicht. Da kann es auch schon mal handfest und deftig zugehen. Nur für hochdeutsche Ohren mag vieles versöhnlich und niedlich klingen. Aber Menschen mit solch einer Wahrnehmung würden vielleicht auch nicht ihr Messer ziehen, wenn ein Amerikaner sie als *bloody bastard* oder *mother-fucker* bezichtigte.

Daß die plattdeutsche Sprache in den Vier- und Marschlanden anders ausfällt als in Barmbek oder Altona und die Blankeneser anders reden als die Finkenwerder, dürfte hinlänglich bekannt sein. Dennoch ist hier der Versuch gemacht worden, eine in allen Stadtteilen les- und verstehbare Form der Schreibung zu finden. Denjenigen, die mit anderen niederdeutschen Mundarten vertraut sind, wird besonders das lange *o* auffallen, das überall da zu hören ist, wo die anderen ein *a* schreiben und offenes *o* sprechen: Heißt es sonst *Aas*, so sagt der Hamburger *Oos*. Daneben fällt besonders das *eu* an den Stellen auf, an denen die anderen ein langes *ö* schreiben: Hier sagt man *Eulprinz* und nicht *Öölprinz*.

Die hier zusammengetragenen mehr als zweitausend Schimpfwörter wurden mit großen Ohren in Hamburg erlauscht und mit schnellem Bleistift zu Papier gebracht. Stellvertretend für die vielen Schimpfwortlieferanten steht Cile Simonsen. Daneben war das Archiv des Hamburgischen Wörterbuchs eine unverzichtbare Anlaufstelle; Herrn Prof. Dr. Jürgen Meier und Frau von der Heide sei für ihre sachkundige und stets freundliche Unterstützung gedankt. Über die Mittäterschaft von Peter Nissen möchte ich an dieser Stelle hingegen kein Wort verlieren.

In die Sammlung wurden nur solche Wörter aufgenommen, die als selbständige Schimpfwörter benutzt und verstanden werden können. Nicht darunter fallen etwa Wörter für Körperteile wie *Wixgriffel* – Finger oder auch Formen wie *Hummel, Hummel!*, die in Hamburg selbst nicht zum Schimpfwortkanon gehören; denn auch wenn diese Grußformel mit *Mors, Mors!*

erwidert wird, so ist es doch keine Beleidigung, sondern allein Echo hamburgischen Humors.

Als Probe diente also die Frage: Kann man *Du ole* ... sagen? Die Bedeutungsangaben beschränken sich im wesentlichen auf den Schimpfwortcharakter. Der anschließende Belegsatz soll den zum Verständnis notwendigen Zusammenhang mit einer Situation des wirklichen Lebens herstellen. Diese Anwendungsbeispiele sind ihrerseits mit zahlreichen festen Wendungen und Redensarten angereichert und so angelegt, daß ein lockeres Blättern und anregendes Querlesen gut möglich ist. Die verwendeten Namen verweisen dabei nicht auf real existierende Menschen; sollte der eine oder die andere jedoch sich selbst oder einen Mitmenschen wiedererkennen, so ist auch das durchaus beabsichtigt. Angemerkt sei, daß manche Beispielsätze Beschimpfungen ergeben, die nicht vorrangig durch das Stichwort bestimmt sind.

Einen Anlaß, mich von (moralisch fragwürdigen, frauenfeindlichen usw.) Haltungen zu distanzieren, die in einzelnen Wendungen offen zutage treten, sehe ich keineswegs. Denn es war nicht meine Aufgabe, die gedankliche Welt hinter den Schimpfwörtern zu ergründen und zu bewerten. Zusätzlich wurden Berufsbezeichnungen aufgenommen, bei denen auf Beispielsätze verzichtet wurde. Im Einzelfall kann man sicher trefflich darüber streiten, ob sie als Schimpfwörter dienen können oder nicht; ironisch oder spöttisch sind sie allemal einzusetzen, denn wer seine Fenster streichen lassen möchte, wird den Fachmann wohl kaum fragen: *Du, Pinselquäler, hest mol Tiet för miene Finster?* Der abschließende Wegweiser hilft bei der Aufschlüsselung des Hamburger Schimpfwortschatzes nach inhaltlichen Gesichtspunkten: Wer also wissen will, was man z.B. alles zu einem geizigen Menschen sagen kann, der erhält hier die entsprechenden Hinweise.

Diese Sammlung zielt nicht auf Vollständigkeit und Endgültigkeit – und wie uns Herbert Wehner lehrt, wäre ein solches Unterfangen auch töricht. Dennoch würde es mich freuen, wenn die geneigten Leser mir weitere Funde mitteilen könnten, damit vielleicht einmal eine aktualisierte zweite Auflage dieses Büchleins erscheinen kann. Denn solange der Michel steht und die Elbe nicht versiegt, wird in Hamburg weitergeschimpft, und es heißt: *Mi köönt se all mol!*

Achterloder
Homosexueller (nach der von hinten zu ladenden Schußwaffe)
Junge, wat hett de Achterloder för 'n hitten Utpuff.

Adder
hinterlistiger Mensch (eigentl.: Kreuzotter)
deefsche Adder – ein Mensch, dem nicht zu trauen ist.
Dieter Krupp, de ole Adder, geiht wedder tokehr as op 'n Slachthoff –
sucht mit jedem Streit.

Aiki
Gelegenheitsarbeiter im Hafen; Halbstarker (nach einer Hamburger Ge-
heimsprache aus *Kai* gebildet: bei jeder Silbe wird der Anfangsbuchstabe
ans Ende gestellt und ein i angehängt. Also: *Udi istbi oofdi iewi Ipper-
schi-Ietschi.*)

Allerweltskeerl
Tausendkünstler
*Per Knickrehm is so'n richtigen Allerweltskeerl, bit de wat trecht kriggt,
dor kannst di de Hacken un Teuhn bi aflopen* – er kann alles, weiß alles,
macht alles, aber nie perfekt, und meistens hat er sowieso keine Zeit.

Allerweltskujoon
Gauner, Schurke, Bösewicht
*Hermann Joost, de verdammte Allerweltskujoon, hett uns dat ganze Geld
afhookt* – er hat uns beschwindelt und betrogen.

Allmannsfründ
Mädchen, das seine Liebhaber häufig wechselt
*Nomen kann ick mi nich marken, sää de Allmannsfründ, treck de Büx
man dool, denn weet ick, wat wi uns kennt.*

Allmannshoor
gemeine Dirne
Hau af, du Allmannshoor, warrst lästig – zieh Leine, du nervst.

Ammerkacker
rückständiger Mensch; allgemein abfällig (eigentl.: einer, der seine Not-
durft noch auf dem Eimer verrichtet)
*So is dat bi den Ammerkacker: de Been sünd grood, bloots de Büx is
scheev* – er hat O-Beine.

Angever
Prahler, Angeber
Du büst mi villicht 'n lütten Angever! – spiele dich nicht so auf (auch
verniedlichend zu Kindern gesagt).
Angeveree – Prahlerei, Wichtigtuerei

Angstmeier, Angstpostill
ängstlicher Mensch, Jammergestalt
De Angstmeier hett de Büx al vull, wenn em 'n Pogg över'n Weg hüppt – wenn ein Frosch seinen Weg kreuzt.
Angstmeieree – Furchtsamkeit
angstig, angsthaftig – ängstlich

Angstpluck
vierschrötiger, kurzhalsiger, unbeholfener Mensch
Allens, wat de ole Angstpluck beschickt, löppt op Schiet ut – er begeht unablässig Fehler, macht stets Unfug.

Ankeuteler
Schmeichler, Schleimer
Mit di Ankeuteler warr ick affohren, dat du meenst, du wohnst in de Tüdelbandstroot Nummer Sacksband – ich werde dir die Leviten lesen.
sick ankeuteln – einschmeicheln, in den Hintern kriechen

Anklatscher
Anstreicher

Appeldwatsch, Appeldwaljes
Tölpel, Dummkopf, unbeholfener Mensch
appeldwatsch, appelkathoolsch – merkwürdig, verrückt, verschroben
Mit so'n appelkathoolschen Keerl much ick nich in een Schapp slopen – ich möchte ihn nicht in meiner Nähe haben.

Appelhöker
ungeschickter oder einfältiger Mensch (wörtl.: Apfelhändler)
Rudi Rüter, de kann bölken as 'n Appelhöker – ungebärdig und sehr laut rufen.
Stoh nich as 'n Appelhöker vör Gotts Thron! – stell dich nicht so an!

Appelmors
Aufseher in Anlagen und auf Park- und Spielplätzen
Loot uns den allgramschen Appelmors man noch 'n beten in de Gangen kriegen – wir wollen den mürrischen Parkwächter noch ein wenig piesacken.

Apportendreger
Klatschmaul, Verleumder (*Apporten* – Klatsch, Gerüchte)
Mit den olen Apportendreger warr ick noch mol düütsch snacken – deutliche Worte finden.

Arbeitspeerd
Schwerarbeiter, Wühler, Arbeitswütiger, Workaholic
Ünner twee Schichten fangt Bodo, dat Arbeitspeerd, in'n Hoben gor keen Arbeit an – alles, was unter dem 16-Stunden-Tag liegt, ist für ihn Ausruhen.

De Appelmors

Aschenprökel, Aschenpüster

Mädchen, das grobe und schmutzige Arbeiten verrichtet; Schmutzfink

Dat Aschenprökel is ook Sünndag so swatt as 'n Bickbeerndüvel – sie ist jeden Tag dreckig (wörtl.: wie ein Heidelbeerteufel).

Babbelboort, Babbelmuul

Schwätzer

Nu hool endlich dien Futterluuk, du Babbelboort! – Halt's Maul.

Babbelee, Babbelkroom, Gebabbel – lästiges, leeres Gerede

babbeln, babbern – schwatzen, lallen, plappern

Babbi

Meister auf dem Bau

Babutz, Babutsch, Balbutz, Barbutz, Barbutsch

Barbier, Frisör

Backbeest

ungewöhnlich dicker Mensch

Dat Backbeest hett gor keenen Hals nich, de kann sick keenen Slips ümbinnen – ein halsloses Monster.

Bäckerlattje

Bäcker

Baffkopp

Dickschädel

Lothar Stroh, de ole Baffkopp, bringt mi mit sien Buckbeenigkeit jedes Mol op achtzig – sein Starrsinn versetzt mich in Rage.

Baggermoschien

unförmig dicke Person

Wenn Jörn Studt, de Baggermoschien, in Düvelsbrück in't Woter jumpt, is in Finkwarder Land-ünner – seine Wasserverdrängung ist beachtlich.

Bagoosch

Pack, Gesindel, Bagage

De ganze Bagoosch kann mi mol an de Feut foten – Die ganze Bande (Verwandtschaft usw.) ist mir gleichgültig.

Balg

lästiges Kind; Kerl

Helge Six is vun Tähn bit Teuhn 'n fulen Balg – ein ausgemachter Faulpelz (wörtl.: vom Zahn bis zum Zeh).

De Ballonkopp

Ballerbüx, Ballerjan
Lärmmacher, Schreihals
Paß op, du Ballerbüx, anners kriggst welk ut de Armenkaß – sonst setzt es Schläge.
Balleree, Geballer – Knallerei, Lärm, Getöse, Schelten
ballerig – laut, polterig, barsch, heftig

Ballonkopp
Mensch mit dickem, rotem Kopf; Wichtigtuer
Mit so'n beknackten Ballonkopp as di hebbt se freuher an'n Rothenbaum Football mit speelt – mit Typen wie dir pflegte man auf dem alten HSV-Platz Fußball zu spielen.

Bambuus
gemeiner Kerl, Strolch, Taugenichts; Handlanger; Zimmermann; schlechter Matrose
So bliev man bi, du Bambuus, denn ward se di noch bi de Büx kriegen – zur Rechenschaft ziehen.

Bandit
Spitzbube, Taugenichts
Düssen Bandit mütt ick eerstmol de Bicht verholen – ich muß ihn mir vorknöpfen (wörtl.: die Beichte abnehmen).

Banditentüüg
Pack
Wat goot, dat an'n Süllbarg keen Handgriff an is, anners harr dat Banditentüüg den ook al klaut – sie stecken alles ein, was nicht niet- und nagelfest ist.

Bangbüx, Bangoors
ängstlicher Mensch, Angsthase
Bangbüxigkeit, Bangigkeit – Ängstlichkeit
bang, bangbüxig, banghaftig, bangerhaftig – ängstlich
bangbüxen – sich ängstlich verhalten
He is bang, dat de Arbeit all ward – er ist ausgesprochen arbeitsscheu.
Bang sünd wi nich, ober lopen köönt wi fix – wir können uns jeder Situation anpassen.
Bangmoken gellt nich – ›12. Gebot‹ der Hamburger Straßenjungen.

Bankeljöner
wankelmütiger, unentschlossener, unsicherer Mensch
Fritz Reichelt, de ole Bankeljöner, de weet doch nich mol, wat he nu kakken will oder Greunkohl eten – er ist völlig unentschlossen.

Bankerottmoker
Bankrotteur, unfähiger Kaufmann
Helmuth Kopper, den olen Bankerottmoker, den waßt de Schulden doch as Greunkohl ut de Ohren.

Barkassenkutscher
Barkassenführer

'n Barmbek-Baschen
Halbstarker, abgeleitet vom Stadtteil Barmbek, dessen Bewohner als derb und verwegen gelten
So'n Barmbek-Baschen, de dücht sick wunnerwat, man bloots, wenn he siene Gäng dorbi hett – nur in der Gruppe fühlt er sich stark.

Baschkopp
barscher Mensch, Grobian
Op den Baschkopp müttst oppassen. De gifft di 'n Bax, dat du platt op 'n Mors sittst – paß auf, sonst fängst du dir eine ein.
basch – frech, rauh, grob, dreist, verwegen

Beddelmann, Beddeljung, Beddelwief, Beddler
Bettler, Obdachloser
Dat ole Beddelwief süht ut as Kack op 'n Pohl – sie sieht elend aus (wörtl.: wie auf den Pfahl geschissen).

Bedreger(sch)
Betrüger(in)
Vör 'n Spitzboov kann 'n de Döör tomaken, man nich vör 'n Bedreger – Betrüger gibt es in der besten Familie.
He is 'n Leger un Bedreger – ein durchtriebener Zeitgenosse.
Bedregeree – Betrug

Beerbuuk, Beertunn
Dickwanst
För den olen Beerbuuk gellt bloots een Regel: Nich lang snacken – *Kopp in'n Nacken!* – seine Devise lautet: Runter damit!

Beerliek
Alkoholiker
Jonni, de ole Beerliek, is vundoog nich goot op 'n Damm; he hett güstern wedder sienen Holsten-Dag fiert – hat einem bekannten Hamburger Bier übermäßig zugesprochen.

Beest
Biest, niederträchtiger, grober, brutaler Mensch
De ole Hansen is 'n Beest vun Keerl – ein widerwärtiger Zeitgenosse (wobei eine leichte Bewunderung mitschwingen kann).
beestig – infam, brutal, zickig, widerspenstig

Beestervolk
Pack, Bande, Gesindel
Stinken deit dat Beestervolk as so'n vergammelten Kabeljau – sie haben eine unangenehme Ausstrahlung.

Bengel
frecher Junge
Du Bengel, wenn du nich Bott giffst, denn kannst du wat beleven – wenn du nicht nachgibst, wird es dir schlecht ergehen.

Bessen
zänkische Frau, Besen
Silke is so'n rechten olen Bessen: kümmt Korl, is se an't Zaustern, kümmt he nich, zaustert se eerst recht – sie schimpft unentwegt.

Bessenheini
angehender Steward, niederer Dienstrang, vornehmlich mit Putzarbeiten beschäftigt
De Bessenheini will eerst noch 'n Minsch warrn.

Bessensteel
großer, hagerer Mensch
Eggert Slüter, düsse Bessensteel, hett sick rein ut Rand un Band wussen – er ist hoch aufgeschossen.

Bettj, Betti
Hure, Schlampe (aus: Elisabeth)
De Bettj hett mehr Mannslüüd as se Hoor op 'n Kopp hett.

Beverbüx
ängstlicher Mensch (wörtl.: Bibberhose)
He hett Tähnklappern, wenn he sienen egen Schatten wies ward, so'n Beverbüx is he – er gerät aus dem nichtigsten Anlaß in Panik.
Em bevert de Büx – er hat Angst.

Bibberkopp
zerstreuter, fahriger Mensch
De ole Bibberkopp kriggt nix op de Reeg – er schafft nichts, bringt keine Arbeit zu Ende.

Bibelgeeschen, Bibelhein
Frömmler
De Bibelgeeschen, fromm as 'n Kerzenlich: de seggt di dat Voderunser butenkopps vun achtern noh vörn op – sie betet das Vaterunser auswendig und rückwärts.

Bibelhusoor
Pastor

Bieter
Polterer, Choleriker
Wohr di vör de Sliekers, de Bieters doot di nix – gefährlicher als die Aggressiven sind die Hinterlistigen.

Birser
unsteter und unzuverlässiger Mensch, Windhund
Uwe Möller, de ole Birser, deit allens mit 'n halven Mors – er führt alle Verrichtungen betont lässig aus.
birsen – hasten, sich beeilen, umherrennen

Blackkopp
Dummkopf (wörtl.: Tintenkopf)
De verdreihte Blackkopp is dumm as 'n Stockfisch.

Blackputtstipper, Blackstipper, Blackschieter
Büroangestellter, Schreiberling
Sett di man keenen Blomenputt op 'n Kopp, du ole Blackschieter – tu bloß nicht so eingebildet.

Blaffer
Prahler, Schreihals (eigentl.: großer, laut bellender Hund)
Ick warr den Blaffer glieks mol 'n Hamborger Botterbrot geven, dat em dat Muul schüümt – ich werde ihn körperlich abstrafen.
Geblaff – Gekläffe, Gebelle; Schimpfen
blaffen – laut bellen, grobe und freche Reden führen

Blarrbüdel, Blarrkoter, Blarrlieschen, Blarrputt
Heulsuse; Kind, das oft weint; Schreihals
Dat Blarrlieschen hett 'n beten dicht an de Elv buut – sie neigt zu Tränenseligkeit.
Blarrkroom, Geblarr – Geplärr, Geschrei
blarren – weinen, jammern
blarrig – weinerlich

Blau, Blaubüdel
(Schiffs-)Zimmermann

Blauboort
grober Mensch, Blaubart
De Blauboort blafft sogoor den Düvel sien Grootmudder an – er poltert gegen alle.

Blauen Hein(e)rich
Milchhändler
De Blaue Heinerich hoolt de Melk vun de blaue Koh – vom Wasserhahn, seine Milch ist mit Wasser angereichert.

Bleudkopp, Bleudmann
Dummkopf

Na, du Bleudmann, hest wedder 'n dode Rott funnen? – weißt du wieder Neuigkeiten, die schon jeder kennt?

Blickschoster
Klempner (wörtl.: Blechschuster)

Blitzblank
Schutzmann, Polizist

Blogentüüg
unartige Kinder

Dat Blogentüüg vun Pumeiers vun blangenan mütt eerstmol ornlich Schacht kriegen – Pumeiers Gören haben eine Abreibung nötig.

Bloog
kleines, weinendes oder ungezogenes Kind

Wat will de Bloog denn noch? Sitt op 'n Pißpott un schitt un Vadder bloost op 'n Kamm dorto – es gibt welche, die nie zufrieden sind.

Bloos
Prahler, Angeber; Schar, Bande

Wenn 't üm 't Geld geiht, kümmt de ganze Bloos antoreisen, an'n leevsten to 'n Beerdigung – wenn es etwas zu erben gibt, steht die ganze Familie parat.

Blosenkopp
Dummkopf

De Blosenkopp is doch mit 'n Klammerbüdel eit (gestreichelt).

Blubberbüdel, Blubberbüx, Blubberer
Schwätzer

Hool dat Muul, du Blubberbüdel, anners kriggst 'n mulschigen Appel an'n Dööz – einen faulen Apfel an den Kopf.

blubbern – glucksen, geräuschvoll trinken; hastig und undeutlich sprechen, faseln, labern

blubberig – unordentlich, schlecht artikuliert (vom Sprechen)

Bohnenstang, Bohnenstoken
langer, dünner Mensch, Bohnenstange

Den Bohnenstoken kannst in Botter ümkehren, de ward nich fett – er kann so viel essen, wie er will: er bleibt schlank.

Böhnfeger
Speicherarbeiter

Böhnhoos
Handwerker, der ohne Zulassung durch die Zunft (Handwerkskammer) arbeitet, Pfuscher, Makler ohne Konzession; Speicherarbeiter; Schornsteinfeger (wörtl.: Bodenhase)

Bölkhannes
Schreihals
Hool endlich den Boort, du Bölkhannes, anners dösch ick di den Rüssel breet.
Gebölk – lautes Geschrei
bölken – brüllen (eigentl. vom Vieh)

Bontjekoker
Konditor, Süßwarenhändler

Bookschoster
Buchverleger
Tetje is 'n beusen Bookschoster.

Boontjejoger
Postenjäger
Paul Pehmöller, de Boontjejoger, is immer de eerste Mann an de Sprütt, wenn dat Lametta utgeven ward – wenn es um Ruhm und Ehre geht, drängelt er sich bereitwillig vor.

Boontjemann
Angestellter mit geregelt ruhigem Arbeitsablauf und sicherer Rentenanwartschaft, städtischer Bediensteter

Boortputzer, Boortscherer, Boortschroper, Boortschrubber
Barbier, Frisör

Booskeerl
Anführer, Held (spöttisch, aber häufig auch im positiven Sinne)
Theo Klatt is di de rechte Booskeerl, de is nich mol bang, wenn he 'n Stikkel an de Angel hett – selbst vor kleinsten Fischen fürchtet er sich nicht.
boosig – vortrefflich, stark, tüchtig

Bötel
Knirps, kleiner Junge; auch: liederliche Frau, Dirne
Olaf Eitzen, de lütt Bötel, hett Bammel in de Büx, bit boven de Knee – vor lauter Angst drohen seine Beine den Dienst zu versagen.

Botterhex
widerliche Frau
De ole Botterhex is in een Tuur an't Schimpen un Schafudern – schimpft und schilt ständig unflätig.

Brallmichel
Lärmmacher
He is 'n beusen Brallmichel, hett egolweg alle Mann in Gang – der Aufwiegler hält alle in Trab.
brallen – laut sprechen, lallen (bes. von Betrunkenen), schimpfen, lärmen
brallig – lärmend (von Betrunkenen)

Brattjer
Stänkerer, Besserwisser
De Brattjer ritt dat Muul so wiet op, dor kannst glatt 'n Appelewer rinschuben − (Ewer, die zum Obsttransport eingesetzt wurden, hatten eine ausgeprägt bauchige Form).

Breek-af
eingebildeter Mensch (wörtl.: Brich-ab)
Pett di man nich op 'n Büdel, du ole Breek-af.

Bremer
Faulpelz (eigentl.: Einwohner von Bremen)
Ick bün doch keen Bremer; ick loot mi keen Arbeit ut de Hand nehmen − ich bin kein Drückeberger.

Briet
frecher Junge, Rüpel, Spottname für Volksschüler
De Briet müttst du dreemol den Dag de Büx vull hauen, anners ward dor keen ornlichen Christenminschen ut − nur tägliche Prügel sichern seinen sittsamen Lebensweg.
Brietenkroom − rüpelhaftes Benehmen
brietig − frech

Broder
Bruder, Kerl
'n beusen Broder − Taugenichts
De Broder hett jeden Dag 'n Blaukopp − er ist fortwährend betrunken.

brognatzig
übellaunig, mürrisch (nur in der Form *'n Brognatzigen*)
He is so'n Brognatzigen, bi den fallt de Lünken doot vun'n Heben − er ist so mürrisch, daß die Spatzen tot vom Himmel fallen.

Brösel
widerlicher Mensch, Stinkstiefel
Du kannst mi mol 'n beten fix tatterata, du Brösel! − laß mich bloß in Ruhe!

Brüddelhans
Stümper; einer, der sich vorzugsweise mit Kleinigkeiten aufhält
De Brüddelhans versteiht so veel vun't Sogen as de Oß vun't Bibellesen − die Kunst des Sägens beherrscht er wirklich nicht.
Brüddelkroom − Nebensächlichkeiten
brüddeln − mit unwichtigen Dingen hantieren
brüddelig − fummelig

Brüddeltasch
Stümperin, Mädchen, das stümperhaft gestrickt hat
Beter söß Fingers an de Handschen, seggt de Brüddeltasch, as gor keen Ünnerbüx – sechs Finger am Handschuh sind das kleinere Übel.

Brüller, Brüllhans, Brülljoochen, Brülloop, Brülloß
Schreihals
Wenn du so wiedermookst, kriggst bald een an de Frikadell, du Brüller – mußt du Prügel gewärtigen.
Gebrüll – Geschrei
brüllen – laut schreien; weinen

Brummbaß, Brummboor, Brummboort, Brummbüdel, Brummküsel, Brummkoter, Brummpeter, Brummputt, Brummsnuut, Brummelboor, Brummelsnuut
brummiger, unzufriedener Mensch
De ole Brummbaß mookt 'n Flapp, as wenn em de Mewen in't Muul scheten hebbt – er verzieht das Gesicht, als wenn die Möwen ihre Notdurft in seinen Mund verrichtet hätten.
brummig, brummsch – frech, dreist

Bruusboort
leicht aufbrausender Mensch
De ole Bruusboort ballert glieks loos, wenn em een verdwars kümmt – er wird schnell laut, wenn ihm jemand komisch kommt.

Buck, Buckkopp
Bock, Trotzkopf; Schürzenjäger
Rolf Sloo is 'n stieven Buck, mit den kannst as Ponton över de Alster seilen – er ist ein steifer, unbeholfener Mensch.
buckig, buckbeenig – störrisch, eigensinnig

Bückelguste
Frau, die früher in Gastwirtschaften Bücklinge feilbot

Buckrutscher
Büroangestellter (abgeleitet vom Kontorbock)

Büdelneiher, Büdelmeier
Segelmacher (wörtl.: Beutelnäher)

Büdelschoster
Flickschuster

Büffelkopp
Dummkopf; Mensch mit breitem Kopf (besonders in bezug auf Mecklenburger, vermutl. wegen des Ochsenkopfes im Mecklenburger Wappen)
Du ole Büffelkopp, du hest wull Rotten op 'n Böhn – bist im Kopf wohl nicht ganz richtig.

Buhmann

Bösewicht; unartiges Kind; Draufgänger, Schürzenjäger
Jan Harms is 'n beusen Buhmann, de mütt vun jeden Rock dat Futter sehn
– er ist ein notorischer Schürzenjäger.

Bullenbieter

Zänker, aggressiver, furchtloser, halsstarriger Bärenbeißer
De elootsche Bullenbieter vun Keerl, de froogt nich noh Gott un keen
Steenstroot – er kümmert sich um nichts. (*elootsch* – eigensinnig, ungezogen)

Bullerballer, Jan Bullerballer, Bullerjoochen, Bullerjoon, Bullerjoonkopp, Bullerkopp; Bullerbüx

Grobian, Polterer; leicht aufbrausender Mensch
De ool Bullerballer mütt tweemol de Week noh Eppendörp un sien Knoken
insammeln – im dortigen Krankenhaus seine Einzelteile zusammensammeln.
Gebuller – dumpfer, dröhnender Lärm, starkes Schelten
bullerballern – poltern, aufbrausen, nörgeln
bullerballerig, bullerig – grob, polternd

Bummler, Bummelant

Herumtreiber, Faulpelz; unzuverlässiger Mensch, Taugenichts
Breek di man nich de Hannen in de Taschen af, du Bummelant.
Bummelee – Schlendrian, Nachlässigkeit
bummelig – unordentlich, nachlässig

Bummskopp

Dummkopf; auch: Kopf
De ole Bummskopp hett nix as Sand in sienen Bregenkasten – in seinem
Kopf (wörtl.: Hirnkasten) findet sich nichts Substantielles.

Bunk

grober Kerl
De Hunken, de Bunken, de schewen Halunken – abfälliger Ausruf über
Nichtanwesende.

Butenlanner

Nicht-Einheimischer (bezogen auf Hamburg oder einzelne Stadtteile)
Op em, is 'n Butenlanner! – (Schlachtruf vor einer Schlägerei).

Butt, Buttje, Buttjer

Knirps, kleiner Junge; frecher Junge; Herumtreiber, Gauner
versopen Buttje – Trinker
Hamborger Buttjer, Fingerlutscher! – Neckruf, der üblicherweise von →
Quiddjes vorgebracht wird.

Bütt
alte Frau, alter Mann (wörtl.: breiter, niedriger Holzkübel)
*Du versopene Bütt, hest woll wedder 'n solten Koter den Oors lickt, so dö-
stig as du büst* – dein Säuferdurst läßt darauf schließen, daß du einem
salzigen Kater das Hinterteil beleckt hast.

Buttjekoor
Pack, Gesindel
Dat Buttjekoor is dat Anspeen nich weert – nicht wert, bespuckt zu wer-
den.

Buttkopp, Butzkopp
Dummkopf
Noch een Woort, du Buttkopp: un bbb! – deutliche Warnung *(bums büst
buten!)*, etwa: zack, und du bist draußen!

Buttpetter
Elb- und Wattfischer (wörtl.: Plattfischtreter)

Buurbengel, Buurklöten, Buurlapp, Buurlümmel, Buursleef
Bauernlümmel, Nicht-Städter; einfältiger Mensch
Buurlapp mit 'n Flicken vör 't Gatt (Flicken auf dem Hinterteil) –
Schmähruf.

Buurnfänger
Betrüger, besonders: Falschspieler
*Wat de Buurnfänger di toseggt, dat gellt man ook bloots von twölf bit Med-
dag* – ihm ist nicht zu trauen.

**Buurngreetje, Buurntööt, Buurntrien, Buurntrull, Buurntruutsch,
Buuroolsch**
Bauernfrau; derbes, tölpelhaftes Bauernmädchen
*Wenn Ilse, düsse Buurntrull, mit ehr Paddelfeut över'n Danzsool sweevt,
kannst bloots noch ›Ein feste Burg‹ singen.*

Büxenschieter
kleiner Junge, Hosenmatz; Mann, den man nicht für voll nimmt
*Na, du Büxenschieter, kannst de Arms vör Kraft woll nich an't Liev krie-
gen, wa?!* – du fühlst dich wohl besonders stark?!

D

Dackhoos
Schornsteinfeger (wörtl.: Dachhase)

Daddi, Daddje
alter, gebrechlicher Mann
De ole Daddi kriggt sienen Achtersten ook nich mehr hooch.

Dagdeef
Spitzbube, Gelegenheitsdieb; Tagedieb
Hein is 'n Dagdeef, de geern mol ingelsch inkeupen deit − er ist auf kleine
(Laden-)Diebstähle spezialisiert.

Dalf
Tölpel, großer, ungeschickter Mensch, Bummler; Wildfang; Prahlhans
Fietje, de Dalf, smitt mit den Mors üm, wat he mit de Hannen opstellt hett
− was er vorn aufrichtet, wirft er hinten wieder um.

Dämel, Dämeljoochen, Dämellack, Dömel, Dömelkloos, Dömelkopp, Dömelpatsch, Dömelpeter, Dömelsack
einfältiger Mensch
De ool Dämel hett nix as Kneep in'n Kopp − er hat nichts als Schabernack
im Kopf.

Dammelbeest, Dammelbruut, Dammeldeern, Dammelhans, Dammeljan, Dammler
Trödler, Herumtreiber, Nichtsnutz (männlich bzw. weiblich)
dammeln, rümdammeln − trödeln
*Tetje dammelt dree Stünnen rüm, wenn he man twee Rundstücken holen
schall* − auch für kleinste Verrichtungen braucht er seine Zeit.

Dämmerbüdel
träger, langweiliger Mensch
*Dat is so'n Dämmerbüdel, den kannst bi't Lopen nee'e Hacken ünner de
Scheuh nogeln.*

Darmschinner
strebsamer Arbeiter (im Schiffbau)
Loot den Darmschinner sick man afmarachen, wi mookt foffteihn − wir
gönnen uns eine Arbeitspause (15 gilt bei Arbeitsgängen besonders im
Hafen, z.B. bei der Stückgutverladung als Zähleinheit: *dörteihn, veerteihn, foffteihn, stopp! Bi Foffteihn kümmt 'n Sluck bovenop!*).

Darmstrieker
Geiger
So as de Darmstrieker an't Fiedeln is, ward blooß de Melk suur − er fiedelt zum Gottserbarmen.

Daustrieker
Mensch, der mit den Füßen nach außen geht
Wo de Arms vun den Daustrieker ophöört, dor fangt de Feut an − sein
Gang ähnelt dem eines Affen.

Deckschrubber, Deckschürer
Leichtmatrose, Seemann, der nur für Arbeiten bei der Decksreinigung
taugt

Deef
Dieb; schlechter Mensch
So'n → *leegen Deef as Jan Jensen, de klaut ook noch den Düvel de Riet-
sticken* − er ist ein durchtriebener Zeitgenosse, der nicht einmal davor
zurückscheut, dem Teufel die Streichhölzer zu stehlen.

Deegoop
Bäcker (wörtl.: Teigaffe)

Deelenjumfer
Verkäuferin (wörtl.: Dielenjungfer)

Deelenloper
Advokat, der sich vornehmlich auf dem politischen Parkett bewegt; Lob-
byist (wörtl.: Dielenläufer)

Deert
Biest, unangenehmer Mensch (eigentl.: Tier)
Joochen, dat ole Deert, den hau ick op't Muul, dat he Plattfeut kriggt!

Deuker
bösartiger Mensch; Teufel
Den Deuker ook! Kannst nich eenmol 'n beten op 'n Kiwief ween? − ver-
dammt nochmal! Kannst du nicht einmal aufpassen?
Hool di de Deuker! − der Teufel soll dich holen!

Deukertüüg
übles Volk, Pöbel, Pack
*Dat Deukertüüg kannst man glieks noh Georgswarder to'n Mewenfüttern
schicken* − auf die dortige Müllhalde.

Deuster
Dummkopf; unartiges Kind
Di Deuster warr ick an de Luft setten, wenn du noch eenmol jappen deist!
− den Mund aufmachst.

Deusterdeern
schlechtes, ungebärdiges Mädchen
*Dat eerste Mol gelt nich, sää de Deusterdeern, dor harr se twee Hupen vör
de Kark sett* − zweimal ihre Notdurft verrichtet.

Dibbelbüx, Dibbelheiner
langsamer, träger Mensch; Nörgler
Kurt Sell, de ole Dibbelbüx, snackt as 'n angnabbelten Salmilolli.

Dibberbüdel, Dibberbüx, Dibberjoochen, Dibberkloos, Dibberkopp, Dibberlieschen
Nörgler, Kritiksüchtiger; unruhiger Mensch
Loot di blooß nich op 'n Snack mit den Dibberbüdel in – ein Gespräch mit ihm führt zu nichts.
Gedibber – lästiges, leeres Gerede
dibbern – fordernd reden
De dibbert un dibbert – läßt nicht locker.

Dickback
Mensch mit dicken Wangen
De Dickback kann sick woll 'n halves Swien achter de Kusen klemmen – hinter die Backenzähne.

Dickflotz
Flegel, Großmaul
De Dickflotz is driest as 'n Slachterhund – er ist sehr frech.

Dickkopp, Dickschädel
Trotzkopf, eigensinniger, starrköpfiger Mensch
De ole Dickkopp stritt ook noch gegen den Börgermeister sienen Dackel an – er hält immer eine Gegenposition, streitet auch wegen Nichtigkeiten.
dickköppig, dickköppsch – eigensinnig.

Dickmadam, Dickersch
kleine, rundliche Frau
De Dickmadam hett 'n gode Bost. Schood, dat se achtern sitt – von einem ausladenden Hinterteil.

Dickmuul, Dicksnuut
Großmaul, Wichtigtuer
De Dicksnuut kriggt noch mol een op 'n Dassel, dat he meent, he steiht nookt op 'n Hauptbohnhoff – Schläge auf den Kopf, die ihn orientierungslos machen.
dickmulig – überheblich
dickmuulsch – unfreundlich, mürrisch

Dickpans, Dickwust
kleine, dicke Person
De Dickpans süht ut as 'n Lebberwust op Botterfohrt.

Dietje, Dietlein
frecher Junge, Flegel, Straßenjunge; auch pfiffiger Junge (wahrscheinl. Koseform von Dietrich)
Kumm her, du Dietje, ick mook di to Blootwust – ich werde dich zu Blutwurst verarbeiten.

Discher
Tölpel, schwerfälliger oder dummer Mensch (wörtl.: Tischler)
Henri Pieper, dat is di so'n richtigen Discher: Muul as 'n Koh un liekers bito – er ist ungeschickt.

Dödel, Dödelfritz
langsamer, behäbiger, dickfelliger Mensch, Bummelant
De dickdreevsche Dödel kümmt un kümmt nich in de Gang – er läßt sich extrem viel Zeit (*dickdreevsch* – dickfellig, phlegmatisch).
Dödelkroom – dummes Gerede, Unsinn
dödeln – trödeln, bummeln

Dödelmoker, Dövelmoker
(Schiffs-)Zimmermann (wörtl.: Dübelmacher)

Dögenicks
Taugenichts

Donkimann
Arbeiter (engl.: *donkey man* – Hilfsarbeiter)

Döösbartel, Döösbüdel, Dööskopp, Dööslapp, Döösputt
einfältiger Mensch, Einfaltspinsel; Dummkopf, Schlafmütze
Beter 'n Dickkopp as 'n Dööskopp – lieber eigensinnig als dumm.
De Döösbartel hett woll een an de Böhnluuk – er ist im Kopf (wörtl.: an der Bodenluke) nicht ganz richtig.
döösbartelig – unbeholfen
döösköppsch – dumm, schwachsinnig

Dörgänger
untreuer Mann, Leichtfuß, Schwerenöter (wörtl.: Durchgänger)
Matten is 'n Dörgänger, de sien Kinner glieks dutzwies tellen kann – er hat Probleme beim Zählen des außerhäuslichen Nachwuchses.

Dörpszeitung
Klatschweib
Emma is uns Dörpszeitung, se weet vun Hüün un Perdüün wat vun af – fungiert als Vermittlerin lokaler Neuigkeiten. (*Hüün un Perdüün* – alles und jedes)

Döschkopp, Döschmuul

Mensch mit großem oder stets offenem Mund, Dummkopf, träger Mensch (wörtl.: Dorschkopf, -maul)

De Döschkopp is so dickmuulsch, kunnst immer so rinhauen − er ist ein unfreundlicher Blödian.

Dragoner

streitsüchtige oder derbe Frau

Wenn du den Dragoner nich kontra geven deist, denn mookt se di platt as 'n Pannkoken − wenn du ihr nicht Paroli bietest, ist sie dir über.

Drallbüdel

dicker Mensch

Düsse Drallbüdel is 'n annerthalv Minschen − ungewöhnlich beleibt.

Dranktunn

dicker Mensch; einer, der alles durcheinander ißt

Eerst 'n deegten Slag Swattsuur, un achterto haut sick de Dranktunn 'n Putt Bottermelk mit Kööm in 't Liev − er genehmigt sich eine kräftige Portion Schwarzsauer, abgerundet durch einen Topf Buttermilch mit Schnaps.

Dräumbüdel, Dräumel, Dräumeljoon, Dräum(el)kloos, Dräumkloot, Dräumliese, Dräumelpeter, Dräumelsteert, Dräumer

unpraktischer Mensch, Sinnierer, Spintisierer, Schlafmütze, Träumer; Tölpel

Eenen Dräumelkloos gifft in jede → *Gäng* − einer trödelt immer.

Dreckboort, Dreckfink, Dreckpesel, Drecksnuut, Dreckspatz, Drecksteuverer

Schmutzfink

An den Dreckboort, dor kannst dien Hannen an waschen.

Dreckfeger

Straßenreiniger; schmutziger Mensch

Schiet is Schiet, seggt de Dreckfeger, un wenn 't ook vun'n Eddelmann is.

Dreckkleier

Sielarbeiter; schmutziger Mensch

Dreckswolk, Dreckswalw

Maurer (eigentl.: Dreckschwalbe)

Dreekääs, Dreekääshooch

Dreikäsehoch, Gernegroß, Knirps, Kleinwüchsiger

Paß op, du Dreekääs, anners kümmst vunovend barft to Bett − barfüßig zu Bett.

Dreugaftheker

Drogist (wörtl.: Trockenapotheker)

Dreugbäcker, Dreughinnerk, Dreugmichel
schweigsamer Mensch
Den Dreugmichel fallt de Wöör ut 'n Mund as den Buck de Lämmer — er
ist nicht sehr beredt.

Dreugmariner
Landratte (wörtl.: Trockenmariner)
*De Dreugmariner schitt al över de Tung, wenn he bi Windstärke twee över
de Alster schippert* — er neigt zu Seeübelkeit.

Driedelmeier
Herumtreiber
*Dree Weken hett he sick nich wuschen, düsse Driedelmeier, man jeden Dag
de Lebber afbruust* — er scheut Wasser, schätzt jedoch Alkohol.

Driesel, Drieselboort
grimmiger Mensch; Dummkopf
*De beknackte Driesel snackt ook bloots immer vun Anno Kruuk, as wi den
Strom noch mit Ammers ut 'n Kokskeller holen dään* — er schwärmt von
vergangenen Zeiten.

Driever, Drieverjung, Drievenkiel; Drieversch
Herumtreiber, Anführer, Tunichtgut; leichtfertiges Mädchen
*Den Driever müttst immer eerst wat an'n Bummskopp geven, denn weet
he, wo de Kurs löppt.*

Drieverpack
Gruppe von Straßenjungen
Wenn jichenswo 'n Koter versopen ward, denn is dat Drieverpack dorbi —
sie lassen keine Missetat aus.

Dröhnbartel, Dröhnbüdel, Dröhner, Dröhnkloos, Dröhnkötel, Dröhnpeter
Schwätzer; umständlicher, schwerfälliger, langweiliger Mensch
So'n Dröhnbüdel as Helge Thomsen, de kann di bannig de Ohren vulljöseln
— ein Ohr ablabern.
Gedröhn — unsinniges, lästiges Gerede
dröhnen — langweilig reden; angeben

Droken, Drooksnuut
Drachen, zänkische, herrschsüchtige Frau; frecher Mensch
Mit so'n Droken in't Huus kannst de Rottenfall to Markt dregen — sie er-
setzt den Kammerjäger.

Drummel
kleiner, gedrungener Mensch
So'n lütt Drummel: Kopp as 'n Ammer un Been as 'n Tunn – Wasserkopf und O-Beine.

drummelig – pummelig, korpulent

Drümpel, Drümpelbüdel, Drümpeljoochen
einfältiger, ungeschickter, langweiliger Mensch, Tölpel
De is to dösig, in de Elv to pissen, düsse Drümpeljoochen.
drümpelig – tölpelhaft

Drüttelbüx
langsamer Mensch
Den Drüttelbüx waßt doch dat Gras ut de Tasch.

Druusboort
Griesgram
De Druusboort kriggt dat Muul ook bloots to'n Middageten op.
druussnutig – verdrießlich

Druvensnuut, Druuvgesicht
Mensch mit dicker roter Nase (wörtl.: Traubenschnauze)
De Druvensnuut is wedder mit 'n Buddel Rotspoon to Bett gohn – er hat kräftig dem Rotwein zugesprochen.

Ducks
Narr, albernes Geschöpf, auch: Teufel
De hett ober ook nix as snooksche Grappen in'n Kopp, de Ducks – er hat nur Possen und verrückte Einfälle im Kopf.

Duffelsnuut
Mann mit übermäßig großer Nase
De Duffelsnuut, de hett 'n Nääs, mit so'n Dings goht anner Lüüd to'n Angeln.

Dullbregen, Dullbuuk, Dullerjoon, Dullkopp
Hitzkopf, Zornmichel
Bi den Dullkopp müttst oppassen, de haut di glieks to Gruus un Muus – er neigt zum Jähzorn.
dull – ärgerlich, schlimm

dumm, dummdösig, dummerig, dummerhaft, dummerhaftig
dumm, ohne Kenntnisse, naiv, einfältig
dummen Asmus – Dummkopf
dummen August – Narr, Clown
dumme Dina – dumme Frau
dumm as Kattenschiet

dumm as Schipperschiet
so dumm as 'n Achterviddel vun't Schoop
De kann vör Dummheit nich in'n Sloop komen.
Emil Marquardt is ut Dummsdörp – er ist sehr dumm.

dummdriest – frech, unverschämt

Dummbatz, Dummbax, Dummboort, Dummbüdel, Dummhans, Dummerjoon, Dummjöörn, Dummkloos
dummer Mensch
Du Dummboort büst jüst so klook as Bostelmanns Koter.

Dünndarm
magerer Mensch
De Dünndarm süht ut as ›Jesus meine Freude‹ – sehr elend.

Dunner, Dunnerbessen, Dunnerkatt
Hexe, böse Frau
Dat is di 'n Dunnerbessen vun Oolsch: Keen Tähn in't Muul, ober de Hunnen bieten!

Duplikatviez
Vertreter des Stauervizen im Hafen

Dussel, Dusselkopp, Dusseltier
dummer Mensch
De ole Dussel is doch in'n Mors verrückt un hett in'n Kopp keen Darm – bei ihm läuft alles verkehrt, er ist für nichts zu gebrauchen.

dusselig – töricht, ungeschickt

Dutt
kleinwüchsiger Mensch
Heiner Knaack is so'n richtig lütten Dutt, de geiht mit 'n Ledder in't Eerdbeerfeld – er ist klein, unbedeutend, ein Schwächling.

Dutz
Dummkopf
Den Dutz sien Plie langt ook nich wieder as vun hier bit över de Stroot – sein Verstand reicht nicht weit.

duun
alkoholisiert, berauscht
Eische, dune Keerl, schääm di wat, dien Hemd is natt! – rufen Kinder einem Betrunkenen nach.

Duunsuper
Säufer, Trinksüchtiger
De Spriet, den ick suup, seggt de Duunsuper, de bringt keenen annern üm.

Düvel, Deubel, Düveloors, Düvelskeerl, Düvelswief
Teufel; böser, niederträchtiger Mensch; gewalttätiger Mann, bösartige
Frau; auch anerkennend: Teufelskerl
De ole Düvel!
'n armen Düvel – bemitleidenswerter Mensch
'n dummen Düvel – Dummkopf
'n dwatschen Düvel – Tolpatsch

dwall, dwallerig, dwallerwatsch, dwallsch
närrisch, dumm, einfältig
Peter Pütz stellt sick mit Hannen un Feut immer so dwallerwatsch an.

**Dwarsbüdel, Dwarsdriever, Dwarsdüvel, Dwarskobutz, Dwars-
kopp, Dwarsleuper, Dwarsschieter**
Querkopf, Querulant, Nörgler, Eigenbrötler; Trotzkopf, Widerspenstiger;
Tölpel, Dummkopf
Dat is so'n rechten Dwarsdriever, seggt all Lüüd ›hü‹, seggt he ›hott‹.

Dwarskieker
Schieler
*De Dwarskieker mookt mi reinweg hiddelig, he kickt immer mit een Oog in
de Westentasch.* (hiddelig – nervös)

Dwasselkopp
Quatschkopf
Sabbel di man keen Swiensbulen an't Muul, du Dwasselkopp – rede dir
keine Furunkeln an den Mund.

Dweerkopp
Querkopf
De Dweerkopp mutt eenfach gegen allens gegenanpupen – alles schlecht-
machen.

Ebbkopp
Dummkopf, jemand, in dessen Kopf ständig Ebbe herrscht
De Ebbkopp sitt ünnen an de Elv un teuvt op Wiehnachten.

Ebeersbeen
dünnbeiniger Mensch (wörtl.: Storchenbein)
Dat Ebeersbeen kann mit 'n Windhund över 't Heck springen – er ist überaus mager.

Eckenstoher
Gelegenheitsarbeiter, Dienstmann; Herumlungerer
De Eckenstoher, de kümmt akkroot denn, wenn dat Swien witt is – er zeigt sich erst, wenn die Arbeit getan ist.

Edelbriet, Edeldietje
Halbstarker, der auf gute Kleidung wert legt
Hans-Erich Schropp, de Edelbriet, is so etepetete mit sien Tüüg, he köfft bloots bi »Kledoosch un Oelke« – er kleidet sich besonders vornehm.

Eendarm, Eendarv
langer, hagerer Mensch
De Eendarm hangt in de Eck as 'n natten Sack – saft- und kraftlos.

Eev
dumme, naive Frau (wörtl.: weibl. Tier, vor allem: Schaf, Kaninchen)
Wo de ole Eev ehren Verstand sitten hett, dat weet bloots Gott un sien Lotte – das bleibt ein Geheimnis.

Egenbuck, Egenkopp, Egensinn
Trotzkopf, Rechthaber, dickköpfiger, eigensinniger Mensch
De Egenkopp rennt mit 'n Dööz gegen de Wand, wo gor keen is.
egenbuckig, egenbucksch, egenköppig, egenköppsch, egenkoppt – eigensinnig

Eierkopp
dummer Mensch (ganz im Gegensatz zum englischen *egg head*)
De Eierkopp is so dösig, de kann kuum Backboord un Stüürboord uteneenhooln – er kann kaum die elementarsten Dinge auseinanderhalten.

Eiermuul
unsauberer Mensch
Wenn ick dat Eiermuul man seh, vergeiht mi al de Aptit.

Ekel, Ekelpaket, Ekelputt
widerwärtiger, mürrischer Mensch
Wat büst du för 'n Ekel, sabbelst ut Muul un Mors to glieker Tiet!

Elefantenküken
großer Mensch
Loot dat Elefantenküken noch twee Johr wiederwassen, un he kann Bismarck op 'n Kopp speen – dann kann er dem Bismarckdenkmal, das immerhin eine lichte Höhe von 34,30 m erreicht, auf den Kopf spucken.

Elend
langer Mensch
Man, wat is Sigi Schramm bloots för 'n langes Elend, de kann glatt över den Michel speen.
elendig, elendiglich – ärmlich, erbärmlich

Elenrieder, Elenrieter, Ellenrieter
Stoff-, Bekleidungshändler (wörtl.: Ellenreißer)

Elias-grabbel-an-de-Plank
dummer Mensch
De snackt nix as dwatschen Kroom, de ole Elias-grabbel-an-de-Plank.

Elvenfinger
Mensch mit flinken Fingern oder zu großen Händen (wörtl.: mit elf Fingern)
De Elvenfinger hett Hannen as Klodeckels.

Elvenripp
langer, hagerer Mensch; Faulpelz, träger Mensch (wörtl.: mit elf Rippen)
De Elvenripp hett rein gor keen Knööv in de Knoken – keine Kraft in den Knochen.

Engel
Polizist, Gerichtsdiener, Feuerwehrmann
Dor kümmt so'n heiligen Engel antolopen.

Esel
Dummkopf
Wat 'n Esel, eerst treckt he sick de Schoh an, un wunnert sick denn, dat de Strümp nich passen wüllt.

Eulprinz
Heizer (wörtl.: Ölprinz)

Eumel
merkwürdiger Mann; allgemein abfällig; auch Penis
Wenn 't nich anners kennen deist, seggt de Eumel, kannst di jeden Dag mit 'n Biel in'n Oors hauen.
eumeln – tanzen, feiern; koitieren
eumelig – sonderbar

Fall-in'n-Bree
ungeschickter Mensch; auch: grober, unhöflicher Flegel
De Fall-in'n-Bree is jo so duttig, de kann jo keen Nogel in'n Bund Stroh sloon.

Fall-to
Tolpatsch; Grobian
De Fall-to hett twee linke Hannen, un de sünd ook noch verkehrt anwussen.

falsch
unaufrichtig, heimtückisch, gemein
Max Mohr, dat is di villicht 'n falschen Judas – ein unehrlicher Mensch.
Jens Lehmann, dat is 'n ganzen Falschen – ein hinterhältiger Zeitgenosse.

Farken
Ferkel, unsauberer Mensch; Kind, das sich beschmutzt hat
Bi Helmut Bonhoff, dat lütt Farken, mööt se mol wedder dat Hemd teern, dor kümmt al dat Witte dör – er ist so schmutzig, daß sein Hemd nur wenige weiße Flecken aufweist.

Farvenklattje, Farvenkleier
Maler, Anstreicher

Faselhans, Faselpeter
Schwätzer, Mensch, der Unwahres und Unsinniges redet
Stoppt düssen Faselpeter doch dat Muul, anners tüünt he uns noch de Tapeten vun de Wand – er redet uns um Sinn und Verstand.
Faselee – unwahres oder unsinniges Gerede
faseln – phantasieren, unwahr oder unsinnig reden

Faxenmoker
Schauspieler; Spaßmacher
Faxen moken, faxen – Späße treiben, Gesichter schneiden
Faxen, Faxenkroom, Faxeree, Faxküsen – Spaß, Unsinn, Narretei
Hein Tüüt sitt vun boben bit ünnen vull vun Faxen – er hat nur Unsinn im Sinn.

Fechtbroder
Landstreicher, Bettler (*fechten* – bettelnd von Haus zu Haus ziehen)
De Fechtbroder süht kuum beter ut as 'n frischmelkte Muus – er wirkt eher elend.

Fedderfuchser, Fedderveh
Büroangestellter

Feger

vitale, herrschsüchtige Frau; leichtlebige, attraktive junge Frau mit wechselnden Männerbekanntschaften
Betti is 'n Feger, de sett all Mannslüüd twüschen Billbrook un Barmbek-Basch in Brand.

Fegerviez

Vorarbeiter der Straßenkehrer

Feldwevel

herrschsüchtige Frau (eigentl.: soldatischer Dienstgrad)
Hanne Jüte, düsse Feldwevel, is eerst tofreden, wenn se alle Mann ünner ehr Fuchtel hett – wenn alle nach ihrer Pfeife tanzen.

Fell

schlampige Frau; Hure (wörtl.: Fell, Haut)
Se is 'n leeg Fell – eine liederliche Frau.

Fent

Schlingel, Spitzbube; junger Bursche
Ick warr di glieks 'n Fellvull anseggen, du verdreihte Fent!

Fettbuuk, Fettsack, Fettwanst

dicker Mensch
Dat is di 'n Fettwanst, de paßt man knapp noch dör de Dör dör.

Feudelgast

Matrose, der vornehmlich mit Reinigungsaufgaben betraut ist

Feuhlhans

Zauderer; Sensibelchen (wörtl.: Fühlhans)
De Feuhlhans ward ober ook nix ut de Fuust los – er arbeitet ausgesprochen langsam.

Feverkopp

Hitzkopf
De Feverkopp is vunobend wedder basch as olen Kääs – aufgebracht, aggressiv.

Ficheltasch

Schmeichelkatze, jemand, der sich durch freundliches Reden einschmeicheln will
De ool Ficheltasch smeert jeden Honnig üm den Boort.
ficheln – schmeicheln, liebkosen, streicheln

Fickfack
Schelm, Spaßmacher
He is 'n Fickfack, de sien Spijöök mit di mookt – der seine Possen mit dir treibt.

Fickfackeree, Fixfaxeree – Hokuspokus
fickfacken – umhertändeln

Fiddeljan
schlechter Musiker
De ole Fiddeljan gniedelt doch bloots op sienen Schroopschinken rüm – er beherrscht seine Geige (wörtl.: Kratzschinken) nur unzureichend.

Fierboos, Fierburs
fauler, arbeitsscheuer Mann
Dat is so'n Fierboos, de de Arbeit nich funnen hett.

Fiffikus
Schlaukopf
Kassen Meier is 'n heel plietschen Keerl vun Fiffikus – ein sehr gewitzter Mensch.
fiffig – schlau, gewitzt

Figaro
elegant gekleideter Mann, Galan; nicht: Frisör
Claus-Heino Holst weer al immer 'n Figaro – gut im Zeug.

Filister
engstirniger Mensch, Spießbürger
De ool Filister hett al all sien Novers bi de Polizei anscheten – angezeigt, denunziert.

Filu
Betrüger, schlechter Kerl; Schelm
So'n Filu, eerst den olen Mann in'n Boort speen, un denn seggen »dat regent«.
filuunsch – hinterlistig, heimtückisch

Filzer, Filzluus
Zollbeamter
De bredole Filzluus hett mi den ganzen Zampel ümdreiht – der freche Zöllner hat meinen Proviantbeutel von oben bis unten durchsucht.
filzen – durchsuchen
filzig – geizig, knickerig

Fingerfix
Taschendieb
Wat nich klaut is, is nich weg, sää de Fingerfix, dor harr he negen Klocken in de Büxentasch.

Finnsnuut, Finnensnuut, Finnenkieker
Pickelgesichtiger
Bi dat Finnsnuut kriggst al vun 't Ankieken Hartklabastern – sein Anblick bewirkt Herzrhythmusstörungen.
finnensnutig, finnsnutig, finnig – picklig, blatternarbig

Fips
kleine, unscheinbare Person
Vun so'n Fipsen paßt twölf Stück in een Bückelkist – ein Dutzend von seiner Statur füllen eine Bücklingskiste.
fipsig – unscheinbar, winzig, kraftlos

Fischkopp
schlechter, schäbiger Mensch; allgemein abfällig
Treck de Hacken noh, oder schall ick di eerst Been moken, du Fischkopp?!

Fischküten
Fischverkäuferin (*Küüt* – Eingeweide von Fischen, Rogen)

Fischmamsell, Fischoolsch, Fischwief
derbe Frau; Marktfrau, die Fisch verkauft
Martha Mull kann schimpen as 'n Fischwief.

Fischmarktsleuw, Fischleuw
Gelegenheitsarbeiter in den Fischhallen; auch: Marktschreier auf dem Fischmarkt

Fischmietje
Arbeiterin in einer Fischfabrik

Fischmuul
Angeber, Großmaul
Jokob Scholl, dat Fischmuul, gifft an as dusend nokte Negers.

Fisematentenmoker
Spaßmacher; Lügner
Nu hebbt wi den Fisematentenmoker foot, de de Schienen vun de Hochbohn angnabbelt hett.
Fisematenten – Lügen, Ausflüchte; Streiche

De Fisematentenmoker

Fix-vörn-in't-Schapp
Mensch, der sich gern in den Vordergrund drängelt
Foot di an de Nääs, denn hest 'n Stück Fleesch, du Fix-vörn-in't-Schapp!

Flabbi
schäbiger Mensch
Du kannst mi mol bi Moondschien in de Meut komen, du Flabbi – mit dir
will ich nichts zu schaffen haben.

Fladderbüx
flegelhafter, unbeständiger junger Mann
*De Fladderbüx mütt woll noch eerst dreemol op de Snuut fallen, ehrdat he
weet, wo Norden is* – er muß seine Erfahrungen noch sammeln.

Fladdusenmoker
Schmeichler
De Fladdusenmoker snackt, as wenn he dor Geld för kriggt.
Fladdusen – Unsinn, alberne Schmeicheleien

Fladduus
leichtlebige Frau (eigentl.: Frauenhaube, auffallender Frauenhut, wirrer
weibl. Haarschopf)
*Wenn't op 'n Swutsch geiht, denn kann Anna, dat Fladduus, keen Anfang
un keen Enn finnen* – Amüsement ist ihr ein und alles.

Flappmuul
Mensch, der die Unterlippe hängen läßt
*Dat Flappmuul lett de Lipp hangen, dor köönt söven Schock Heuhner op
sitten.*
Flapp – Mund, Maul, Hängemaul, vergrößerte Unterlippe

Flaps
Flegel, Lümmel
Paß op, du olle Flaps, anners freert di noch de Hacken – du wirst deine
Lektion erhalten (wörtl.: sonst gefrieren dir die Fersen).
flapsig – charakterschwach, flegelhaft

Fleetenkieker, Fleetkieker
Lumpensammler; allgemein abfällig; früher: Altwarenhändler, der bei
Ebbe die leergelaufenen Fleete nach verwendbaren Dingen absuchte
Fleetenkieker, Büxenschieter – Spottruf.

Fleetpiroot
Schutenführer

Flegel
derber, grober Mensch, Lümmel
Beter lütt un kregel as 'n groten Flegel.

Flegenklapp
unbeständiges Mädchen; allgemein abfällig für Frauen
Elke Ehlers is so'n rechte Flegenklapp: wenn se bruukt ward, is se nich dor, un wenn se nich bruukt ward, ook nich.

Flegenweert
Inhaber einer kleinen Gastwirtschaft (wörtl.: Fliegenwirt, ursprüngl. umherziehender ›fliegender‹ Wirt)

Flemmfiedel
Meckerer, Besserwisser; verachtungswürdiger Herumtreiber
De Flemmfiedels wüllt dat jo immer allens beter weten un sünd sülvst klook as Salomo sien Katt.

Fleuhfotz
träger, fauler Mensch

Fleut
unmoralische Frau, Hure (wörtl.: Flöte; Vulva)
De Fleut is doch vun de Religion Hooch-de-Röck.

Fleutangel
grober, klotziger Mensch; frecher Junge
Ick lang di Fleutangel glieks een, dat di de Socken platzt – du wirst gehörig gemaßregelt werden.

Flicksteert
Herumtreiber
För 'n gode Klopperee lett de Flicksteert Brot un Beer för stohn.
flicksteerten – eilig laufen

Flillerflaller, Flitterflatter
flatterhafte, unbeständige Person
So'n Flitterflatter as he, de leggt mit de linke Hand weg, wat he mit de rechte noch nich trecht hett.

Floh-, Fleuhnbüdel
Lügner, Stänkerer; auch: Dummkopf (wörtl.: Beutel mit Flöhen)
De Fleuhnbüdel hett nix as Flirren ünner de Platt – er hat nur Unfug im Kopf.

Flotz, Flötz
frecher Kerl, Grobian
De Flotz is frech as Schipperschiet – unverschämt.
Blohm un Flotz (auch: *Klotz un Flotz*) – Werft ›Blohm und Voß‹

Flotzenklub
freche Gesellschaft
Den ganzen Flotzenklub schull een dat Muul mit Karbid utwaschen.

Fludderbüdel
Schwätzer, Mensch, der viel Unsinniges und Überflüssiges redet
Dat is 'n richtigen Fludderbüdel, de snackt di 'n tweetes Lock in'n Mors.

Flunder
flachbrüstige Frau
Bi Herta, de Flunder, kannst meist nich vörn un achter uteneenholen –
Vorder- und Rückenpartie lassen sich nur schwer unterscheiden.

Flunkerbüdel, Flunkerbüx, Flunkerhans, Flunkerjoochen, Flunkermarten, Flunkertasch
Lügner, Aufschneider
Vun dat, wat de ool Flunkerbüdel preestert, is dat Halve logen un dat anner nich wohr – der Wahrheitsgehalt seiner Erzählungen geht gegen Null.
Flunkeree, Geflunker – Schwindelei, Halb- oder Unwahrheit
flunkern – es mit der Wahrheit nicht sonderlich ernst nehmen

Flunki
leichtfertiger, unzuverlässiger junger Mann, Lakai (eigentl.: Spottname für Bedienstete; engl.: *flunkey*)
De Flunki hett allerhand Flusen in'n Kopp – er fällt durch dumme Streiche auf.
flunkig – oberflächlich, leichtlebig

Flunkmadam
flatterhaftes Mädchen
So'n → Rappeljule un Flunkmadam vun butenlands – auswärtiges (und damit nicht vertrauenswürdiges) Mädchen.

Fluus, Fluusbüdel, Fluusfladder, Fluusfleit, Fluusgreet, Fluusjette, Fluusjoochen, Fluuskopp, Fluusmichel, Fluuspeter
unordentlicher, oberflächlicher, nachlässiger Mensch

Eendoont, wat de Fluusbüdel beschicken deit, he seggt immer: 'n beten scheef hett Gott leev.

flusig – unordentlich

Fohrtenmoker
Spaßmacher
De ool Fohrtenmoker kennt ook bloots eenen Singvogel, un dat is de Katt.

Fotz, Foos
Hure
Lever Been uteneen as in de Wötteln kneen, seggt de Fotz – das Spreizen der Beine ist einträglicher als Unkrautjäten.

Fotzenlicker
Schleimer, unangenehmer Mensch, der bedingungslos seinen Vorteil sucht
De ool Fotzenlicker hett bi mi noch 'n Schinken in Solt – ich habe noch mit ihm abzurechnen.

Fratz, Fratzengesicht, Fratzenkopp
dummer Junge; jemand, der durch seinen dummen Gesichtsausdruck auffällt
So'n Fratz kann ook bloots 'n Mudder leefhebben.

Frechmops
frecher, vorlauter Mensch
Dat mark di, du Frechmops: Op 'n wiedes Muul höört 'n breden Slag.

Freefreter, Freesluker
Schmarotzer (wörtl.: Frei-, Umsonstfresser)
Ob Oost, ob West, butenhuus smeckt best, seggt de Freefreter.

Freetbüdel, Freetsack, Freetschöttel, Freetwanst, Freetwulf, Freter
Vielfraß
Dor ward keen Freter geborn, he ward dorto mookt – auch das viele Essen fällt unter die Rubrik »Erziehungssache«.
Wenn 't all is, hett de Mund Fierobend, sää de Freetsack un schuuv sick twee Heuhnerbeen achter de Kusen.
De fritt en rieken Buurn 'n Arm af un den annern ganz to Schraffel – er frißt ihm einen Arm ab und den anderen ganz zuschanden.
Freteree, Gefreet – unmäßiges Essen
freetsch, fretig – gefräßig

Fregatt
auffällig herausgeputzte, meist ältere Frau (hergeleitet von dem Drei-mast-Segelschiff)
Meta Horstmann, de optokelte Fregatt, hett sick utstaffeert as 'n Dannenboom to Wiehnachten.

Fritt-op
großer Esser, Vielfraß (wörtl.: Friß-auf)
Heff vundoog noch gor nix hatt, sää de Fritt-op, bloots Freuhstück, Middag, Kaffe un Obendbrot.

Froonjäger, Froonsjäger
Schürzenjäger
De Dieden is so'n ganz glattmuligen Froonsjäger – ein wortgewandter Charmeur.

Frostkeutel, Frossenkeutel
Mensch, der leicht friert, Stubenhocker
Freddi, de ole Frostkeutel sitt immer achter 'n Oben, dat em jo nich de Mors affrüst.
frostkeutelig – leicht fröstelnd

Fugenkieker
Aufseher auf der Baustelle (wörtl.: Fugenbeschauer)

Fummel, Fummelbüdel, Fummelhans, Fummeljoochen, Fummelkatrin, Fummelliese,
unordentlicher, ungeschickter Mensch, der mit der Arbeit nicht vorankommt
De ool Fummelbüdel steiht vör sien Arbeit as de Botter in de Sünn – unbeholfen und ratlos.
Gefummel – ungeschicktes oder unnützes Hantieren
fummelig – ungeschickt

Fummelhannes
Schürzenjäger
Erwin is ook so'n Fummelhannes, de jedeen Schört angrabbeln mütt.
Fummelee – Betasten, geschlechtliches Berühren, Petting
fummeln – mit sexueller Absicht berühren, betatschen

Funzel, Funzeltrien
langsam und nachlässig arbeitendes Mädchen
Alma is so'n Funzel, de kriggt den ganzen Dag nix beschickt – sie wird nie fertig.
Funzelee – flüchtige Arbeit, Nachlässigkeit
Funzelkroom – unnütze Arbeit
funzelig – flüchtig, oberflächlich

Fuscher
schlechter Arbeiter, Stümper
Dat is Mood, sää de Fuscher, dor harr he 'n Disch mit fief Been tohoopklütert.
Fusch – ungenügend ausgeführte Arbeit
fuschen – oberflächlich arbeiten

De Freetwulf

Fuselkreuger, Fuselweert
Wirt einer billigen Kneipe
De Fuselkreuger is sülbst de beste Gast in sien Kööminsel.

fuul
faul, träge, arbeitsscheu
Lehrer Harms is so fuul, he leest immer op dat Blatt ›Loot di Tiet‹.

Fuulbraß, Fuulbüdel, Fuuldeert, Fuuljack, Fuuloß, Fuulpans, Fuulpelz, Fuulsack, Fuulwams, Fuulwust, Fulenzer
Faulpelz
'n goden Andriever is beter as teihn Fuuljacken.

Fuulsnuut
Lästerer, Tadler, Verleumder
fuulsnutig – dreist, vorlaut
Kumm mi nich so fuulsnutig, anners kriggst welk an dienen Bohnhoff, dat du meenst, de Zug fohrt af.

füünsch
ärgerlich, aufgebracht, wütend, tückisch
Friech is 'n ganzen Füünschen: kickst em scheef vun de Siet an, denn smitt he mit 'n hölten Tüffel – wenn er schief von der Seite angekuckt wird, wirft er mit unverdaulichen Gegenständen (z.B. mit Holzpantoffeln).

Füürbeuter
Brandstifter; Anstifter eines Streits (wörtl.: Heizer)
Dat helpt gegen de Müüs, sää de Füürbeuter, dor harr he dat Huus ansteken.

Füürfreter
Draufgänger; aufgeregter Mensch; herrschsüchtige Frau
Jan Breckwoldt, de Füürfreter, is vör 'n Düvel nich bang.

Füürputt
Hitzkopf, jähzorniger Mensch
De ole Füürputt is giftig un gallig as Giesbert sien Ganter.

Galgen, Galgenkandidoot, Galgenkruut, Galgenpreester, Galgenstrick, Galgenvogel
Gauner, Dieb, Bösewicht; schlechter Advokat
Bodo Voß, de ole Galgenvogel, arbeit bi Klemm un Lange – er ist ein professioneller Dieb.

Galionsfigur
Frau, die etwas vorzuweisen hat (und es auch tut)
Hermine Sievers is di so'n rechte Galionsfigur, de mutt al rennen, wenn se achter ehren Melkloden achteran will.

Gammelhöker; Gammelhökersch
Händler, der schlechte Ware verkauft; Fischfrau, die minderwertigen Fisch feilbietet.

Gammelkroom – Minderwertiges
gammel, gammelig – alt, schlecht, verdorben (von Lebensmitteln)

Gammler
Spitzbube; in den 60er und 70er Jahren: Jugendlicher, der gesellschaftliche Zwänge und Normen ablehnt
Mit so'n Gammlers hebbt wi freuher korte Foffteihn mookt – kurzen Prozeß.

Gäng
Gruppe Jugendlicher, Meute (eigentl.: Arbeitsgruppe im Hafen aus 5 bis 10 Mann)
Wo de Mottenburger Gäng opkrüzen deit, dor is Holland in Not – wo sich die Bande aus Mottenburg (Teil von Altona) blicken läßt, da sind Probleme vorprogrammiert.

Gast
sonderbarer Mensch, Kerl; auch: Fremder, Gast
Du büst mi 'n scheunen Gast! – Du bist mir vielleicht einer!
Kloos Ahrens is 'n ganzen buffigen Gast – ein unfreundlicher Mensch.

Gastroot
Gastwirt (Wortspiel mit Gastrat und Kastrat)

Gaudeef
schneller, geschickter Dieb, Taschendieb
Wohr di vör den Gaudeef, de betohlt geern ut anner Lüüd ehr Knipp – er bedient sich gern aus fremder Börse.

Gauner
Betrüger (seit etwa 1900)
Ick mütt immer wat in de Hand hebben, sää de Gauner, dor harr he den Paster de Brill vun de Nääs klaut.
gaunern – beschwindeln

Geck, Gecki

eitler Mensch; Kind aus vornehmem Hause (Spottname für Realschüler, im Gegensatz zu →*Briet* für Volksschüler)
De gleie Geck hett sick wedder anplünnt as 'n Pageluun to Pingsten – er ist angezogen wie ein Pfau zu Pfingsten (*glei* – geschniegelt).

Gedränksmann

Trinker, Zeitgenosse, der oft und viel Alkohol trinkt
Norbert Öhms is 'n fuustfasten Gedränksmann, he hett man een Krankheit, un dat is de Döst – er leidet erbärmlich unter Durst.

Geelgatt

Arschloch (wörtl.: Gelbarsch)
Du ole Geelgatt hest den Mors in'n Klöörputt hatt – hast dir den Hintern im Farbeimer beschmutzt.

Geelgeter

Angestellter der Müllabfuhr (in Anspielung auf früher damit verbundene Abfuhr der Fäkalien; eigentl.: Messingschmied)

Geelsnacker

jemand, dessen Sprache verrät, daß er nicht aus Hamburg ist; er spricht überheblich missingsch oder hochdeutsch
geel snacken – geschwollen oder gebrochen platt sprechen
He speelt sick op un snackt geel – er gibt an.
Vör den müttst di wohren, de snackt geel – er ist als Auswärtiger erkennbar und gilt daher als unzuverlässig.

Geelsnovel, Geelsnuut

junger eingebildeter Laffe (wörtl.: Gelbschnabel, wie hochdeutsch Grünschnabel)
Hool 't Muul, du Geelsnuut, anners kriggst wat an'n Boort.

Geesch(en)

schwerfälliger, zugleich gutmütiger Mensch; weibischer Kerl (eigentl.: Gesine, dennoch auf Männer und Frauen bezogen)
Pett di man keen Semmeln in de Hack, du Geesch – stell dich nicht so an.

Geestkeerl, Geestknubben

ärmlicher, zurückgebliebener Mensch (aus der Sicht der Marschbewohner)
Wenn de Geestkeerl mit Mest un Gobel eten will, denn sobelt he sick 'n Ohr af – zivilisierter Umgang mit Messer und Gabel ist ihm fremd, der Versuch führt mindestens zum Verlust eines Ohres.

Geldbüdel, Geldsack

reicher Mensch
De ole Geldsack hett woll 'n Geldschieter sitten – er lebt in unerklärlichem Wohlstand.

Genöck

Pack, Scheusal

De Kropps, dat is so'n Genöck, bi de hett dat in dree Generatschoonen keenen ehrlichen Deef geven – bei ihnen fehlt sogar eine richtige Gaunertradition.

Gesinnel, Gesinneltüüg

Gesindel, Pöbel, Pack

Goh mi af mit dat Gesinneltüüg, dat döggt doch heuchstens noch för 't Roothuus.

Gestell

hagerer Mensch

Gesa Meiners is so'n dreug un stokig Gestell, dor kannst an jede Eck dienen Rock ophangen.

Gestkonditer

Bäcker (wörtl.: Hefekonditor)

Geuschen

Schwächling, jemand, der sich alles gefallen läßt (wörtl. Gänschen→ Goos)

Wenn du so'n Geuschen as Hans-Albrecht de Fro utspannst, denn driggt he ehr noch dat Nachthemd achteran.

geuschig – gutmütig, sanft

begeuschen – besänftigen

Gewitterhex, Gewitterzeeg

zänkische Frau

Ick will di bi Beersupp, sää de Gewitterhex, dor kreeg se 'n Kanten Kümmelkääs op 'n Disch.

Giezangel, Giezbuck, Giezdüvel, Giezflapp, Giezhals, Giezhammel, Giezknüppel, Giezknuppen, Giezkrogen, Giezlappen, Giezpegel, Giezpesel, Giezpinsel

geiziger Mensch

Egon Nickels, de ole Giezknüppel, de sitt so fast op sien Knipp, dat de Adlers Halleluja singt (in Anspielung auf die Adlerprägung auf Fünfmarkstücken).

giezen – sehr sparsam sein

giezig – ausgesprochen sparsam

Giftmischer

Apotheker

Giftnudel, Giftsprütt, Giftzippel

zänkische Frau

Else Voigt is so'n Giftsprütt, wenn du ehr in de Elv smittst, mööt de Stint sick speen – dann wird sogar den Stinten, den geringsten Fischen übel.

Glattsnacker(sch), Glattsnuut

Schmeichler, überfreundlicher Mensch, der auf seinen Vorteil bedacht ist
Wenn de ole Glattsnacker to smeerig ward, hau ick em sien kloke Geelnääs in.
Glattsnackeree – Schönrednerei
glattsnacken – hinterhältig schmeicheln
glattsnackern – schmeicherlisch

Glatzkopp

Mann ohne Haupthaar
De ole Glatzkopp hett nix boven de Platt un nix ünner de Platt – die Kahlheit oberhalb seiner Schädeldecke spiegelt nur die Leere darunter.

Glippoog

Schielender (eigentl.: rutschendes, sich verdrehendes Auge)
Wenn Erwin Wenzel, dat Glippoog, mi ankieken deit, dücht mi jedesmol, ick sitt in de Achterbohn.

Gluddertasch

Mensch, der oft albern lacht
Wenn du de Gluddertasch nich 'n P vörsetten deist, denn gifft dat hier egolweg Opentheoter – wenn man ihm/ihr nicht Einhalt gebietet, gibt es immer Ärger.

Gluupoog, Gluupschoog

Mensch mit hervorstehenden Augen
Gerd Göttsch, dat ole Gluupschoog, de kickt immer so mit een Glipsch noh dat anner röver.
gluupäugsch – mit großen Augen

Gnatterbüdel, Gnatterjan, Gnatterputt, Gnattje, Gnattjebüdel, Gnattjebrummer, Gnattjeputt, Gnattsteert

unzufriedener, übellauniger Mensch
Hier hest 'n Groschen, snack buten wieder, du Gnatterbüdel!
Gnatterigkeit – Gereiztheit, Verdrießlichkeit
gnattern, 'n Gnatterigen hebben – nörgeln
gnatterig, gnattjebrummig, gnattsch – ärgerlich

Gnatz, Gnatzbüdel, Gnatzkopp

unzufriedener Mensch
Ick heff keen Swien, ick gnutt sülbst, seggt de Gnatzkopp – ich grunze immer noch selbst.
gnatzen – murren, schimpfen
gnatzig – ärgerlich, gereizt

Dat Gluupschoog

Gneeskopp
unzufriedener Mensch
De hett woll de Gall to dicht an den Achtersten sitten, de ole Gneeskopp.

Gnegelhans, Gnegelputt
unzufriedener Mensch
De ole Gnegelhans sitt ook immer in de Bruddel — nach eigenem Bekunden steckt er ständig in Schwierigkeiten (wörtl.: in der Bredouille).
gnegeln — nörgeln, verdrießlich sein
gnegelig — ärgerlich, gereizt

Gneterbüdel, Gneterbüx
unzufriedener Mensch
De malle Gneterbüdel kickt ut de Jack as 'n Stück gammelige Wust.

Gnickerbüdel, Gnickerer
heiterer, humorvoller Mensch
De ole Gnickerbüdel amüseert sick bi de Beerdigung, as wenn he bi Ohnsorg weer — er versteht es, jedem Ereignis eine vergnügliche Seite abzugewinnen.
Gegnicker — Gelächter
gnickeln, gnickern — kichern, verstohlen lachen

Gnickerschört
Frohnatur; Frau, die oft albern lacht
Lisa Lüders, de Gnickerschört, lacht un juucht doch över jeden Döntjekroom — sie amüsiert sich über jeden Unfug.

Gniedeljan
Pfuscher
Den Gniedeljan dörvst an dien Auto nich ranloten, de mookt di twee dorvun.

Gniesboort, Gniesbüdel, Gniesbuck, Gnietje, Gnitzbüdel, Gnitzkopp
mürrischer Mensch; Geizhals
De ole Gnitzkopp treckt 'n Snuut as Kööm un Quark — er macht ein unzufriedenes Gesicht.
gnietsch, gnietschig — übellaunig; kleinlich, geizig

Gnoosterboort, Gnoosterkopp
griesgrämiger Mensch, Murrkopf
Wenn ick den Gnoosterboort seh, nehm ick glieks Rietuut — laufe ich ganz schnell fort.

Gnörrbüdel
unzufriedener, störrischer Mensch
Du ole Gnörrbüdel büst ober ook in een Tuur vun Gott un de Welt an't Quäsen — du nörgelst ununterbrochen.

gnörren – murren, unzufrieden sein

gnörrig – gereizt

Gnurrhohn, Gnurrkoter, Gnurrpesel, Gnurrpeter, Gnurrputt
unzufriedener Mensch
Wenn de ole Gnurrhohn an't Woter kümmt, scheet de Mewen koppheister
– fallen die Möwen kopfüber vom Himmel.

gnurrig, gnurrsch – mürrisch, nörgelig

Goldfoß
reicher Mann (wörtl.: Goldfuchs)
Dat fallt vun de Kist in de Bilood, sää de Goldfoß, dor free he 'n rieke
Buurndeern – Geld kommt zu Geld (wörtl.: von der Kiste ins Nebenfach).

Goliath
Mensch mit übermäßigen Kräften
Den Goliath scheet ick doch mit 'n Plummensteen ut de Puschen – seine
Kraft nützt ihm gar nichts.

Göör
freches Kind
Gören mit 'n Willen kriegt wat op de Brillen (eigentl.: Billen) – wer sich
nicht fügt, muß mit Schlägen rechnen.

Goos
dumme, törichte Frau
Legg di doch op 'n Buuk un deck di mit 'n Achtersten to, du ole Goos!

Gooskopp
Dummkopf
De verdreihte Gooskopp is so dösig, de kümmt nich üm de Tann – er ist
für keine sinnvolle Tätigkeit zu brauchen.

Görenpack, Görentüüg, Görenvolk
Horde frecher oder unbändiger Kinder
Dat Görenpack is so kiebig, de klaut di de Appeln ut'n Goorn un klingelt
un froogt di noh 'n Tüüt – sie sind so dreist, daß sie dir die Äpfel aus dem
Garten stehlen und anschließend nach einer Tüte zum Wegtragen der
Beute fragen.

Gössel
unerfahrenes Kind (wörtl.: Gänschen)
Loop man noh 'n Koopmann, lütt Gössel, un hool 'n Tüüt vull Hau-mi-
blau.

Gottswindmoker
Bälgetreter an der Kirchenorgel

Gottswoortnohharker
Küster, nur in der Verbindung: *den Paster sien Gottswoortnohharker*

Grabbeler

Lumpensammler; Wühler, Unruhestifter

De ool Grabbeler is immer mank Rotten un Müüs in de Gangen – er wühlt im Dreck.

Grabbelheini, Grabbelschorsch

Schürzenjäger, Mann, der gern Frauen anfaßt

Wenn düsse Grabbelschorsch mien Susi noch mol an de Plünnen kümmt, denn ward he Kusen speen – er wird seine Zähne ausspucken.

Grabbelviez

Zollbeamter

Grandi

Nicht-Seemann, Werftarbeiter (aus der Sicht des Seemanns)

Grandje

Erdarbeiter

Grandmonarch

Landstreicher; Gelegenheitsarbeiter

De Grandmonarch hett sick mit de Seep vertöörnt – ihm liegt wenig an Körperpflege.

Grappenmoker

Possenreißer, Spaßvogel

Grappen – närrische Einfälle, Launen, Streiche

Günther Knepel hett nix as snooksche Grappen in'n Kopp – verrückte Ideen.

Grapser, Grapskoter, Grapssack

Dieb

Wenn ick di noch mol bi de Büx krieg, du Grapser, denn dreih ick ut dien Knoken 'n Blomenständer!

Grapseree – kleiner Diebstahl

grapsen, grapschen – hastig greifen, an sich reißen

grapsig – gierig

Grashüpper

unerfahrener, vorwitziger junger Mensch; wegen seiner grünen Uniform auch: Zollbeamter

Na, du Grashüpper, loot di vun dien Mudder man eerst de Eischell vun de Ohren wegwaschen – erst wenn du reifer geworden bist, darfst du mitreden.

Grasmieger

Mädchen (weil sie sich zum kleinen Geschäft im Gras niederlassen)

Na, is dat dütmol 'n Jung worden oder wedder bloots 'n Grasmieger? – ist endlich der Stammhalter geboren?

Grasoop
eingebildeter Mensch (wörtl.: Grasaffe)
Paß man op, dat du nich över diene backboordschen Feut fallst, du Grasoop! – so hoch wie du die Nase trägst, ist es kein Wunder, wenn du über deine tollpatschigen Füße fällst.

Grassever
Zollbeamter (wörtl.: Graskäfer, wegen der grünen Zolluniform)

Graumann
Handlanger, Hafenarbeiter ohne feste Anstellung

Greunoop, Greunrock, Greunspecht, Greunspoon
Zollbeamter (wörtl.: Grünaffe usw.)

Greunsnovel, Greunsnuut, greunen Jan
unerfahrener junger Mann
Hool dien Sabbel, du Greunsnovel, anners gifft dat wat an de Riestüten – an die Ohren.
greunsnovelig – unerfahren

Grienboort, Grienbüdel, Grienkopp, Grienmuul, Grienoop
Mensch, der bei allen unpassenden Gelegenheiten grinst oder wie ein Staubsaugervertreter lächelt
Den Grienoop sien Snuut bringt mi jedesmol in Roosch – in Rage.
Grientje – (breites) Lächeln
grienen – grinsen, schmierig lächeln
grienig, grientjerig – lachend, lächelnd, grinsend

Grieper
Polizist, Zollbeamter; Schläger (wörtl.: Greifer)
de greune Grieper – Zollbeamter

Griesboort, Grieskopp
alter, grauhaariger Mann
De Griesboort hett gewaltig een an de Luuk – man darf ihn nicht für voll nehmen.
griesköppig – grauhaarig

Griesmuul
mürrischer Mensch
Dat Griesmuul kickt de Rachgier ut de Oogen – man sieht ihm seine Raffgier an.

Griespermutt
heimtückischer, übellauniger, unfreundlicher Mensch
Gottsverdammi, Walter Winter, dat is di villicht 'n grandessigen Griespermutt.

Grimmelputt
schmutziger Mensch
De ole Grimmelputt wascht sick to Wiehnachten den eenen un to Oostern den annern Foot – er ist nachlässig in der Körperpflege.

Grimmelkroom – kleine Abfälle, Grus
grimmeln – schmutzig werden, schimmeln, die Farbe verlieren
grimmelig – schmutziggrau, unsauber

Grinskopp
dummer Mensch, der nichts begreift
Di warr ick de Hammelbeen langtrecken, du Grinskopp.

Grobian
grober, ungehobelter Mensch
Düssen Grobian hett de lewe Gott mit 'n Holtäxt tosloon – er ist ungehobelt.

Grodensuger, Gronensuger
Fischer (aus der Sicht der Bauern; wörtl.: Grätensauger)

Grogsnuut
Mensch, der gern Grog trinkt
Wat seggt de Grogsnuut? – *Woter tehrt, Grog ernährt* – Wasser zehrt aus, Grog ernährt.

Gröler, Gröölfietje, Gröölhals, Gröölhannes, Gröölhans, Grööljohann, Gröölmeier, Gröölmichel
Streitmacher, lauter Mensch
He is 'n beusen Gröler, he singt nich noh Noten, man bloots noh Kööm – er versucht sich im Singen nur nach Alkoholgenuß.

Gegrööl – lautes Geschrei
grölen – laut rufen, schreien
grölig – lärmend, mit lautem Geschrei

Groof
eingebildeter, sich vornehm gebender Mensch (wörtl.: Graf)
Klaus-Wilhelm Woldmann, düsse Groof, is so överkandidelt, he lett sick sien Petersill glatt vun Fleurop bringen.

Groothals, Grootmacker, Grootmogul, Grootmuul, Grootprohler, Grootsnuut
Prahlhans, Angeber
So'n Grootmuul, hett 'n grote Klapp un nix dor achter – er hat ein großes Mundwerk, aber es steckt nichts dahinter.

Grootsnutigkeit – Prahlerei, Großspurigkeit
grootmulig – frech, mit lauter Stimme
grootsnutig – großmaulig, hochmütig

Grummputt
mürrischer, unangenehmer Mensch
För so'n füünschen Grummputt wörr ick mi nich 'n Lock in'n Buuk rieten
– ich würde mich nicht für ihn einsetzen.

Grüttbüdel, Grüttkopp
dummer Mensch, besonders Däne oder Wandsbeker
Bi den olen Grüttbüdel hebbt fief Swien ook negen Sieden – er ist im Rechnen mangelhaft.

Grüvelmann, Grüvelmarten
Grübler, Sinnierer
In den Grüvelmann sienen Kopp geiht de Sünn nienich op – bei ihm herrscht immer dumpfe Trauer.

Grüvelee, Gruvelkroom – Grübelei

Hackelssnieder
Futterhändler; Däne

Hackenkieker
Bedienter, der hinter seinem Herren gehen muß, Kriecher
Schietenfründlich, dat is dat eenzigste, wat he is, düsse Hackenkieker.

Hackenpetter
aufdringlicher Mensch
Johann Pohl, de ool Hackenpetter, kriggt vun mi noch mol wat an de Rabatten – ihn erwartet eine Abreibung.

Hai
betrügerischer Hafenhändler

Häkelbüdel
Frau, die viel häkelt
Thea Wilkens, de ole Häkelbüdel, hett ook nix anners in'n Kopp as twee links, twee rechts, eenen fallenloten.

Häkelliese, Häkeltasch
Frau, die Schlechtes über andere redet
De Häkelliese dröffst du nix op de Mau binnen – erzähle ihr nichts (wörtl.: binde ihr nichts auf die Ärmel).

Halfstarker
Heranwachsender; frecher Bursche
Wenn twee Halfstarke tohoopkoomt, denn geiht dat nich ohne Buulen af – dann müssen die Kräfte gemessen werden.

Halsafsnieder

Betrüger; besonders auch: Rechtsanwalt

Dat ward wi woll kriegen, sää de Afkoot, dor meen de Halsafsnieder dat Geld.

Halunk

schlechter Mensch, Betrüger

An'n Fischmarkt heff ick mi bloots mit Halsafsnieders un Halunken rümsloon.

Halvenkilokieker

Ladungskontrolleur auf Schiffen (wahrlich kein »Pfundskerl«)

Hammel, Hammelkopp, Homel, Homelkopp

eigensinniger Mensch, Dummkopf

Dat Denken schall düsse Hammelkopp man de Peer överloten, de hebbt den grötteren Kopp.

Hampelkeerl, Hampelmann

willensschwacher, leicht beeinflußbarer Mann

Willem, disse Hampelmann, de lett sick vun sien Geesche reinweg allens gefallen.

Handbengel, Handlanger

Hilfsarbeiter (besonders auf dem Bau); unerfahrener junger Mann

Handschendümel

körperlich schwacher Mensch (wörtl.: Däumling des Handschuhs)

So'n Handschendümel as Giesbert Greve is, he mutt sick immer 'n Extrawust broden – trotz seiner körperlichen Nachteile muß er immer aus der Reihe tanzen.

Handudel

dummer Mensch

Düsse Handudel is doch so dumm, dat em de Geus biet.

Handvull

unwichtiger oder kleiner Mensch

Dat is man so'n lütt Handvull, de versüppt di in de Ünnertaß.

Hangelbangel

Handlanger, Person, die unnützen Tätigkeiten nachgeht; im Hafen: unständiger Arbeiter

De Wotertänks kannst mit den Hangelbangel feudeln.

Hangelbangelee, Hangelbangelkroom – unwichtige, kleinliche Verrichtungen

Hangelbangeltüüg

nichtsnutziges Volk

Loot mi an Land, mit düt Hangelbangeltüüg will ick mien Dag nix to doon hebben – den Umgang mit ihnen möchte ich meiden.

Hannepampe
Angeber, Prahlhans
Düssen Hannepampe warr ick de Hammelbeen langtrecken – ich werde ihm die Leviten lesen.

Hans-bliev-to-Huus
Stubenhocker
Uns Hans-bliev-to-Huus hett al Quesen an'n Mors vun 't vele Sitten – er hat sich Schwielen am Gesäß ersessen.

Hans Damp, Hans-vör-alle-Döörn
unsteter, unzuverlässiger Mensch; Tagedieb, Herumtreiber
He is so'n rechten Hans Damp, mookt den ganzen Dag nix as Himphamp – er vertreibt sich die Zeit mit unwichtigen Dingen.

Hans Dünk, Hans Dumendick
schmächtiger Mann
Wohr di weg, oder ick puust di ut 't Hemd, du Hans Dumendick.

Hans Harlekin, Hans Narr, Hans Quast
Clown, alberner Mensch; Einfaltspinsel
De ole Hans Quast hett twee linke Hannen, un beide steekt se in de sülve Büxentasch – er ist ausgesprochen ungeschickt, weiß sich nicht zu helfen.

Hans-Joochen-Pack
schlechtes Volk, Pack, Gesindel
Dat Hans-Joochen-Pack süppt dat Beer doch ook noch ut Ammers – sie haben keinen Benimm.

Hans Oorslock
Blödian
Immer langsoom mit de jungen Peer, du Hans Oorslock, anners hau ick di 'n Kittoog – sonst fängst du dir ein blaues Auge ein.

Hanswust
Hanswurst, närrische Person
Du ole Hanswust snackst ook as Jonas sien Knink – du redest Unfug (wie J.s' Kaninchen).

Hartdriever
Draufgänger; Antreiber
De Hartdriever froogt nix noh Vadder un Mudder, wenn he sien Tuurn hett – er verfolgt rigoros seine Ziele.

Hauer
Schläger
Eh, du Hauer, wullt du villicht fofftig in de Wäsch un 'n rodes Vörhemd? – verlangst du etwa nach einer blutigen Nase?

Hauptswietjee
Lebemann
Zigarren, Zigaretten un mit de Froons in de Betten, seggt de Hauptswietjee.

Hebberecht
rechthaberischer, starrsinnig beharrender Mensch
Minschenskind, du Hebberecht, kennst → Flapp, kennst ook Breetmul – wie bist du nur schlau! sagt man spöttisch zu einem Besserwisser.
hebberecht, hebberechtsch – rechthaberisch

Hebenschächer
Draufgänger, Himmelsstürmer
Geiht nich, gifft nich, sää de Hebenschächer, dor wull he vun'n Fernsehtorn flegen.

Hechtkeutel
Mensch, der sich in alles einmischt, Wichtigtuer
De ole Hechtkeutel mütt sien Nääs ook in jedes Oorslock steken – seine Neugier kennt keine Grenzen.

Heckoors
kleiner Wicht
Loot di man nich vun de Uul bieten, du Heckoors.

Heeg-op
sparsame Person, jemand, der alles aufbewahrt
Heeg-op hett wat, Fritt-op hett sien Doog nix.

Heesbees, Heesbeeser
Mensch, der sich geschäftig gibt, aber nicht viel bewirkt
Düsse Heesbees jachtert rüm as Hohn ohne Kopp – kopflos.
Heesbeesigkeit – Übereiltheit, Unbedachtheit
heesbeesig – unruhig

Hehn
dummer, eitler Mensch (eigentl.: Huhn)
Manda Külper is so'n rechte geele Hehn – sie ist ebenso eingebildet wie dumm.

Heidsnuckenlüüd
einfältiges, grobes Volk
So'n Heidsnuckenlüüd schaßt man wedder achter Bickbeerhusen in'n Wald schicken.

Heiduck, Heiduckenkeunig
Halunke, Lump (ungar.: *hajdu* – Fußsoldat)
Goh hen un schüür Bütt, du Heiduck – scheure Plattfische.
Heiduckenkroom – dummes Zeug

Hein Büx-to-lütt
dicker Mensch
*Wenn düsse Hein Büx-to-lütt to Gast kümmt, müttst du immer twee
Steuhl henstellen.*

Hein Daddel
Seemann

Hein Doof, Hein Peerschiet, Hein Unklook, Heini, Heinzi
bemitleidenswerter Dummkopf
August Feldmann, de ole Hein Doof, is doch bannig op 'n Dööz fullen – er
leidet unter Begriffsstutzigkeit.

Hein Fienbroot
feingekleideter Mann, der sich gebildet gibt; Schwächling
Uns Hein Fienbroot vun blangenan süht wedder ut as 'n aflickten Koter –
glatt, geschniegelt; aber auch: übernächtigt.

Hein-geihst-mit-lang, Hein-goh-mit-lang, Hein-kummst-mit-lang
Dieb
Hein-geihst-mit-lang seggt immer: Fief Finger, een Griff.

Hein Grootmuul
Großsprecher
Düsse Hein Grootmuul mookt ut 'n Furz 'n Dunnerslag.

Hein Tüün
Schwätzer, Vielredner
Suup di duun un freet di dick un hool dat Muul vun Politik, du Hein Tüün.

Heiopei
alberner oder unzuverlässiger Mensch
De Heiopei hett sien Weisheit ook de Koh ut 'n Steert knütt – sein Wissen
ist aus einem Kuhschwanz gestrickt.

Held
Kerl (oft im negativen Sinne gebraucht)
Du büst 'n Held in de Bottermelk, wenn de Klüten rut sünd – Feigling,
Prahler.

Hellbessen
zänkische Frau (wörtl.: Höllenbesen)
Mit düssen Hellbessen gifft dat bi 'n besten Willen keen Kumm-trecht –
mit ihr ist kein Auskommen.
hellsch – höllisch; ziemlich, sehr

Helljäger

ausgelassenes, wildes Mädchen

Nu man immer suutje-getuutje, du lütt Helljäger — immer mit der Ruhe.

He-lücht

Fremdenführer; Barkassenfahrer, der — wie man behauptet — vorzugsweise Lügen zum besten gibt (wörtl.: er lügt)

Hemd

dünner Mensch

Albert Simonsen is di villicht 'n langes Hemd, den hett sien Mudder woll Guano op't Broot smeert — hat ihm wohl wachtumsfördernde Mittel verabreicht.

Hering

merkwürdiger Mensch

dünnen Hering — dünner Mensch

meschuggen, wohnsinnigen, wunnerlichen Hering — eigenartiger, sonderlicher, verrückter Mensch

Heringsbändiger

Krämer oder sein Gehilfe, besonders Fischhändler

Heringskopp

dummer, häßlicher Mensch

Paß bloots op, du Heringskopp, anners fritt di noch mol 'n Schietendreiher to'n Freuhstück op — sonst verfrühstückt dich ein Reiher.

Herrgott

eigenartiger, sonderbarer Mensch

hölten Herrgott — einfältiger, unbeholfener Mensch

knökern Herrgott — magerer, dünner Mensch

Heß

geistig kurzsichtiger Mensch, Dummkopf (eigentl.: Hesse)

Wilken Book, dat is de reine blinne Heß — der merkt auch gar nichts.

Heuhner (nur in der Mehrzahl)

Prostituierte

Heuhnerdeef

Mensch, der gerade etwas angestellt hat; allgemein abfällig

Nu heff ick di an'n Kanthoken, du verdammte Heuhnerdeef! — jetzt habe ich dich endlich erwischt.

Heukendräger, Heikendräger

Klatschmaul; Schleicher, Verleumder (eigentl.: Mantelträger)

De Heukendräger kann veer Sproken: Hooch, Platt, dör de Nääs un över anner Lüüd.

Hex, Hexenbessen
übelwollende, mit übernatürlichen Kräften begabte Frau
Bettina Falck, de ole Hexenbessen, kann mit 'n blanken Mors op 'n Bessensteel noh 'n Blocksbarg rieden.
Hexeree – Zauberei

Hibbel, Hibbelmors
unruhiger Mensch
He rennt ober ook rüm as 'n Füürlöscher, düsse Hibbelmors.
hibbeln – sich unruhig hin und her bewegen
hibbelig – zappelig, nervös, hastig

Hiddelbiddel, Hiddelbüdel, Hiddelkopittel
ungeduldiger und nervöser Mensch, der bei der Arbeit viele Fehler macht
Ewald Wöhler, den oolen Hiddelkopittel, is de Mors to rund, he kann eenfach nich stillsitten – er ist ein unruhiger Gast.
hiddeln – sich unruhig bewegen
hiddelig – unruhig

Hildjäger
stets emsiger Mensch
Wenn düsse vogelige Hildjäger nix to kleien hett, denn is he nich goot towegens – wenn er nicht ständig mit kleinen Aufgaben befaßt ist, geht es ihm nicht gut.
hild – geschäftig, eifrig

Himmelhund
schlechter Mensch
Du verdammte Himmelhund, wenn ick di bi de Büx krieg!

Hinkeldei, Hink(e)poot
hinkender Mensch
Noch een Wort, un du kannst dien Knoken op 'n Schottsche Koor wegfohren loten, du Hinkepoot – dann wird man deine Knochen auf einer zweirädrigen Händlerkarre abtransportieren.

Hinnerk
Kerl; Nichtsnutz; allgemein abfällig (eigentl.: Heinrich)
bookweten Hinnerk – sehr schweigsamer, dummer Charakter
doowen Hinnerk – ein ausgemachter Dummkopf
hölten Hinnerk – ungeschliffener Mensch
knökern Hinnerk – Mensch von dürrer Statur
mogern Hinnerk – schlanker Mensch
verfrornen Hinnerk – leicht frierender Mensch

Hitschenplitsch
Mensch, der viel beschäftigt ist, aber nichts bewegt
Wenn du den Hitschenplitsch bi de Arbeit tokickst, kannst 'n Rapps krie-
gen – schon vom Zusehen wird man verrückt.

Hittkopp
leicht aufgebrachter Mensch
Den Hittkopp bruukst bloots ansteuten, denn stickt he de Been in de We-
stentasch un peest los.

Hobengrandi, Hobenleuw, Hobenlord
ungelernter Hafenarbeiter
Hobenluft mookt döstige Kehlen, seggt de Hobenlords – Hafenluft macht
durstig.

Hobenmeister
uniformierter Mann mit einfacher Tätigkeit (Portier, Gerichtsdiener; ei-
gentl.: Hafenmeister)

Hobensnieder
einfacher Hafenarbeiter; Sacknäher

hochstudeert
übergeschnappt
Thomas Meiners, dat is so'n Hochstudeerten, de mookt sick as 'n doden
Stint – es ist sinnlos, sich mit ihm abzugeben.

Hökel
kleinwüchsiger Mensch
Vun dienen Slag hebbt wi fröher Harkentinnen mookt, du Hökel – aus
Typen wie dir haben wir früher Zinken für Harken hergestellt.

Höllenbessen
bösartige Frau
Berta Fock, de ole Höllenbessen, schitt op 'n Sneeball un fritt em vör Döst
– sie mißgönnt ihren Mitmenschen alles.

Höllenbrand
böser, nichtsnutziger Mensch
Glieks eenen twüschen de Oogen, dat is de Sprook, de düsse Höllenbrand
versteiht – ihm gegenüber muß man die Offensive ergreifen.

Höllenjäger
Quacksalber, Kurpfuscher, schlechter Mediziner

Holtbuur
kleiner Bauer

Holtkopp
Holzkopf, dummer Mensch
Ut so'n Holtköpp hebbt wi freuher Planken timmert.

Holtworm
(Schiffs-)Zimmermann, Tischler

Hoor, Huur
Hure, Dirne
Dat weet ick förwiß, seggt de Hoor: Ick bün de eerste nich un ook de letzte nich – mein Gewerbe hat Tradition und Zukunft.
Horeree – Prostitution

Hoorbuck, Horenbull
Hurenbock, Hurenbulle
Reimer Six, de verdammte Horenbull, snackt bloots vun 't ünnerste Enn – er kann nur über Sexuelles reden.

Hoppenmarktsleuw
Gelegenheitsarbeiter (diese warteten früher auf dem Hopfenmarkt auf Arbeitsvermittlung)
De süppt as 'n Hoppenmarktsleuw – trinkt gewohnheitsmäßig und ausgiebig Alkohol.

Horenpack
Gesindel
Wenn dat Horenpack mi wat toseggt, dor geev ick keenen Prüntje Toback op – auf ihre Versprechungen kann man nichts geben.

Horzerkopp
Dummkopf (abgeleitet von Harzer Käse)
Düsse Horzerkopp is rein in de Bloos verbiestert – er ist ohne Orientierung (wörtl.: seine Blase ist verwirrt).

Hosenfoot
ängstlicher Mensch, Hasenfuß
De ool Hosenfoot rennt immer so gau weg, as de Damp vun de Peerkötel flüggt – bei der geringsten Andeutung von Gefahr macht er sich dünn.

Hosenkeerl
Hausierer, hausierender Strumpfverkäufer

Hövelhingst, Hövelhusoor
Tischler, Zimmermann (wörtl.: Hobelhengst, -husar)

Hummel
Mädchen oder Frau mit schlechtem Ruf; wohlgenährtes, bewegliches Kind
Vera Witt, de Hummel, dreiht jede Nacht op de Reeperbohn ehr Runden.
hummelig – sich ruhelos hin und her bewegen

Humpeldei
humpelnder Mensch

Is jo 'n ganz glatten Minschen, de Humpeldei, bloots sien Fohrgestell klappert so'n beten achter noh – er hat nur einen recht ungleichmäßigen Gang.

Hund, Hunnenhüttenschieter, Hunnenseel, Hundsfott
gemeiner Mann, Halunke, Widerling, erbärmlicher Kerl

Giff em Kattuun, den Hund! – heize ihm gehörig ein!

Hunkenbüdel
ungeschickter Dummkopf

Geel Arfen mit Speck plant bloots de Hunkenbüdel Franz Dammann in sienen Schrevergoorn.

Huulbooj
Heulboje, schimpfende Frau; aufgedonnerte und auf jung getrimmte Krawallziege; miserabler Sänger oder ebensolche Sängerin

Wenn de Huulbooj sick rejell optokelt hett, fallt se bi Hogenbeck mank de Pageluuns gor nich op – dann ähnelt sie einem Pfau.

Huuli
Radaubruder, besonders: randalierender Fußballfan (kurz aus englisch *hooligan*)

Huulmichel, Huulputt
weinerlicher Mensch

Goh noh Bett un quees morgen mehr, du Huulmichel.

Huusdüvel
zänkische Frau

Sien Huusdüvel hett em mol wedder de Meinung geigt, dat he nich mehr weet, wat he 'n He oder 'n Se is – ob er ein Männchen oder Weibchen ist.

De Huulputt

Ische
Frau, Mädchen (leicht abfällig); Prostituierte

Jabbelsnuut
geschwätziger Mensch
Dat Muul geiht düsse Jabbelsnuut rein as 'n Oontensteert – sein Mund ist ständig in Bewegung, wie ein Entenschwanz.
Jabbelee – Geschwätz
jabbeln – viel reden, quengeln

Jachterkopp
gieriger Mensch
De Jachterkopp hett immer 'n goot Geweten: Wat he nich opitt, nimmt he mit – er läßt nie etwas liegen.
Gejachter, Jachteree – Herumjagen und -springen; starkes Begehren

Jackelmors
unruhiger Mensch
So'n Jackelmors kriggt ober ook jeden Stohl twei – durch seine Unruhe nimmt jeder Stuhl Schaden.
jackeln – unruhig hin und her bewegen

Jack un Büx
kleiner, dünner Mensch; ängstlicher Mensch
He is man bloots Jack un Büx – ein Gernegroß.

Jammerlappen, Jammerliese
jammernder, leidender Mensch
Hans-Hermann is di villicht 'n Jammerlappen: mörr as Appelmoos, jeden Dag 'n anner Oorsgebreek – er ist weich und hat jeden Tag eine neue Krankheit.
Gejammer – Wehklagen

Jan Blaff
Schreihals
Henning Groth, düsse Jan Blaff, de bölkt för dree.

Jan Blaufink
lächerliche Person; Schalk, Possenreißer
Mook uns hier man bloots nich so veel Faxküsen vör, du Jan Blaufink – mit leeren Ausflüchten lassen wir uns nicht abspeisen.

Jan Braß
roher, gewalttätiger Kerl; Großmaul
De ool Jan Braß seggt immer: Nich lang snacken, glieks eene knacken – gleich zuschlagen.

Jan Daddel, Jan Dutt
unbedeutender, einfältiger oder schwächlicher Mensch
Jan Daddel mit de Fiegenbeen (Fiegenfeut) – unwichtiger Zeitgenosse (besonders auch zu kleinen Kindern gesagt).

Jan Dwars
Querkopf, widerspenstiger Mensch; Herumtreiber
Jan Dwars hett de Mütz verdweer op.

Jan Fummel
Nichtsnutz, Müßiggänger
De Jan Fummel sweet bi't Eten un früst bi de Arbeit.

Jan Fuulsnuut
Lästerer, Verleumder
Wat du mol in de Windeln ballert hest, dat smeert di düsse schabbige Jan Fuulsnuut noch fingerdick op't Botterbroot, wenn du Gollen Hochtiet hest – er vergißt nichts und trägt dir alles nach.

Jan Giez
Geizhals
De verdüvelte Jan Giez hett Reimetissen in'n Dumen, he kann sien Knipp nich opkriegen – er leidet unter Rheumatismus im Daumen und kann daher seinen Geldbeutel nicht öffnen.

Jan Hogel un sien Moot
Gesindel, heruntergekommenes Volk
Jan Hogel un sien Moot, de joog man glieks wedder vun'n Boo: wat de een nich kann, hett de anner nich lehrt.

Jan Knall-de-Döör
lauter, polternder, wenig zurückhaltender Mensch
Siet düsse Jan Knall-de-Döör in't Huus introcken is, mütt Matten Schrader sienen Sloop in't Büro nohholen.

Jan Kladder-in-de-Mast, Jan Moot
Leichtmatrose

Jappersnuut, Japp-op
Langweiler, Mensch, der oft nach Luft schnappt oder gähnt
Thees Sloophoff is 'n rechte Jappersnuut – hat das Temperament einer Schlaftablette.

Japs
Nichtsnutz
Du kannst den Kitt ut de Finster lutschen, du Japs! – du bist hier unerwünscht.

Jaulheini, Jaulhex, Jauljapp, Jauljette, Jaulputt, Jaulschört, Jaultrien
weinerlicher Mensch, Jammerlappen
Na, du Jaulputt, wat brüllst? Sünd di mol wedder de Ool versopen? –
weinst du, weil dir die Aale ertrunken sind?
Gejaul – Geheule
Jette
einfaches, derbes Mädchen
Nee, uns Dörte is di villicht 'n Jette, hett 'n Snuut as 'n Blomenputt – ein
Vollmondgesicht.
Jiddel, Jiddelmors, Jiddelputt
nervöser, unruhiger Mensch
Düsse Jiddelmors is immer mit sien Kötelkist in de Gangen – er ist ständig
(mit seinem Hintern) in Bewegung.
jiddeln – unruhig hin und her laufen
jiddelig – zappelig
Jiedel
Bengel
De Jiedel sitt op sien Moped as 'n Hund op de Füürtang – sehr verkrampft.
Jippjapp
Schwätzer
Hool bloots dat Muul, du ole Jippjapp, anners gifft dat welk an de Backen
– sonst setzt es Schläge.
Jökeloors
unruhiger, nervöser Mensch
Kannst du nich fiev Minuten op diene veer Bookstoven sitten, du verdreihte Jökeloors?! – sitz endlich still.
Joochen
Kerl (aus dem Vornamen Jochen)
He is 'n ganz leegen Joochen – ein Stänkerer, Unruhestifter.
(*leeg* – schlecht, schlimm)
Jule
dummes Mädchen
Dat best an de Jule is ehr Himmelfohrtsnääs – viel mehr als ihre steil aufgerichtete Nase spricht nicht für sie.
Juppdi
leichtlebiger Mensch
Dat is 'n ganz falschen Groschen, düsse Juppdi – er ist unzuverlässig, ein
falscher Fuffziger.

Kääsblatt
Klatschbase (eigentl.: Lokalzeitung)
Käte Schuldt, dat Kääsblatt, vör de ehr Tung müttst di in acht nehmen –
ihr Gerede ist mit Vorsicht zu genießen.

Kääshöker, Kääskanditer
Butter- und Käsehändler

Kääskopp
Dummkopf
De ool Kääskopp hört de Klocken lüden un weet nich, wo se hangt – er
weiß nicht, was die Stunde geschlagen hat.

Kacheloors
Fliesenleger

Kackeboort
schlechter, schmutziger Mensch
De Kackeboort löppt to Disch as dat Swien to'n Trog – Reinlichkeit und
Benehmen am Tisch zählen nicht zu seinen Stärken.

Kacker
kleinkarierter Mensch, Geizhals; Widerling; allgemein abfällig
Paß op, du Kacker, glieks gifft 'n Gewitter mit 'n Arfenbusch – eine Abrei-
bung.

Kackerlattje
Schmeichler, Schleimer, Kriecher (wörtl.: Kakerlake)
De Kackerlattje mütt all Lüüd üm den Boort gohn – er buhlt um die Gunst
aller.

Kackstebel
dummer Mensch
Wenn du Kackstebel so wiedermookst, bummelt se di bald 'n Appelsinen-
orden üm den Hals – wirst du vom Haufen zum Dutt befördert.
→ *Knackstebel*

Kaffebödel
im Hafen beim Kaffeeumschlag tätige Frau

Kaffedrinker
unbedeutender Mensch
Du büst mi 'n scheunen Kaffedrinker! – du hast mir gerade noch gefehlt!

Kaffekann
merkwürdiger Mensch
Dat mark di man, du Kaffekann, Soloot is keen Rhabarber! – du kannst
nicht alles über einen Kamm scheren.

73

Kaffekiekersch
Wahrsagerin; zwielichtige Frau
Lisbeth Spiekermann, de ole Kaffekiekersch, de kickt dat tweete Gesicht doch ut beide Oogen – man sieht, daß sie über magische Kräfte verfügt.

Kaileuw
ungelernter Hafenarbeiter
Noch eenen to'n Afgeweuhnen, sää de Kaileuw, dor soop he de Buddel Korn in eenen Törn ut.

Kanallje
raffinierter Mensch; Schuft, Schurke (franz.: canaille – Hundepack)
Mit de Kanallje kann ick ewig un dree Doog nix anfangen – er ist mir zutiefst unsympathisch.

Kanoolkruper
Führer eines (langsamen) Lastschiffes, Schuten- oder Ewerkapitän

Kantüffelkopp
Dummkopf
De Kantüffelkopp is doch woll ut de Dollkist weglopen – er ist verrückt (aus der Verwahranstalt entwichen).

Kanuut, Knuut
Kollege, schlimmer Freund
Peter un Hartmut, dat sünd di twee Kanuten, de hebbt sick nix vörtosmieten un höört tosomen as freuher Hein Bötel und dat hoge C – (Hein Bötel war ein beliebter Opern-Tenor).

Kanzelpuper
Pastor

Käpten Bums
Kapitän einer Hafenfähre, der sein Schiff beim Anlegemanöver stets unsanft gegen die Landungsbrücke steuert

Karrmelksgesicht
Mensch mit ausdruckslosem Gesicht, und zwar mit der Ausdruckskraft von Buttermilch, Milchreisbubi
Hugo Plaß, dat Karrmelksgesicht, is bleek as Köömkääs – bleich wie Kümmelkäse.

Kasper
alberner, lächerlicher Mensch
De Kasper kickt ut de Wäsch, as wenn he 'n Esel danzen süht – er schaut verdutzt drein.
Kasperee, Kasperkroom – Unfug
kaspern – Possen treiben

Käpten Bums

Katt

zwielichtige, gerissene Frau
So'n Katt as Erna Wulf find för allens ehr Exküsen – sie findet immer Ausflüchte.
falsche Katt – schmeichlerische Frau, der nicht zu trauen ist
fule Katt – nicht sehr strebsame Frau

Kattenkopp

Schlosser

Kattenoog

Mensch, der über übernatürliche Kräfte verfügt (und wie eine Katze im Dunkeln sehen kann)
Wohrschau vör dat Kattenoog, de kann mehr as Brooteten.

Kattuunrieter

Stoff-, Bekleidungshändler (wörtl.: Baumwollreißer, aus niederländisch *kattoen* – Baumwolle)

keddelhorig

leicht reizbar
Hinni Ohms, düssen Keddelhorigen, hett mol wedder sienen Dullen – er wütet, ist erbost, ausgerastet.

Keekler

Wichtigtuer
He is 'n Keekler, he kann Kattenschiet in Düstern rüken, wenn 't em dumendick op de Nääs smeert is – er hält sich für ganz besonders schlau.
kekeln – sich aufspielen; plaudern

Keerl

Mann, Kerl; allgemein abfällig, aber auch bewundernd
De Keerl is noch duller as den Deubel sien Grootmudder – er ist unausstehlich.

Kehr-di-an-nix

selbstbewußter Mensch, einer, dem alles gleichgültig ist
De Kehr-di-an-nix seggt immer: Klei mi an'n Mors – sein Motto lautet: du kannst mich mal.

Ketelbobbi, Ketelklopper

Kesselreiniger, Arbeiter, der einfache und schmutzige Arbeiten verrichtet

Keutel-di-an-Kackerlattje

Schmeichler, Schleimer (*ankeuteln* – sich anschmeicheln; *Kackerlattje* – Kakerlake)
Den olen Keutel-di-an-Kackerlattje drüppelt de Smeer jo al ut de Nääs – seine schmierige Art ist etwas zu dick aufgetragen.

Keutelfeger
Straßenkehrer, Müllwerker

Keutelkacker
kleinkarierter Mensch
De ool Keutelkacker tellt de Arfen op 'n Tüller, ehr he se opitt – er ist ein
wahrer Erbsenzähler.

Keuter
schlechter Mensch, Herumtreiber
Sigi Fick, de geile Keuter, jumpt vun Bett to Bett – er folgt seinem ausge-
prägten Sexualtrieb.

keutern – einem anderen hinterherlaufen

Kiek-in-de-Welt
junger, unerfahrener, einfältiger Mensch; Schwärmer, Träumer
*Loot di man eerst mol 'n beten Bries üm de Pudelmütz weihn, du Kiek-in-
de-Welt* – du mußt noch Erfahrungen sammeln.

Kiek-ut
Neugieriger, der bevorzugt zum Fenster hinausschaut
Wat een allens beleven kann, dor is rein dat Enn vun weg, seggt de Kiek-ut
– beim Auskucken erlebt man Spannenderes als in der Tagesschau.

Kitt, Kittkrauter, Kittpuler, Kittschieter, Meister Kitt
Glaser

Kittoog
Einäugiger; Mensch mit Triefaugen
Bi't Marmelspeeln hett dat Kittoog immer sienen Joker mit dorbi – er ist
im Vorteil, weil er eine zusätzliche Murmel ins Spiel bringen kann.

Klabasterkopp
unbeholfener Mensch, der sich meistens selbst im Weg steht
De biestert dörch de Welt as 'n junge Koh, düsse Klabasterkopp – er tritt
von einem Fettnäpfchen ins andere.

klabastern – polternd laufen

Klabauter, Klabautermann
kleiner Junge; Frechdachs (eigentl.: Schiffskobold)
Sloop Rundstück, lütt Klabauter, denn hest morgen twee to'n Kaffe – zieh
ab, oder: schlafe Brötchen, damit du morgen zwei zum Frühstück hast.

Klacks
kleiner Mensch
Bi den Klacks müttst dreemol henkieken, ehr du em eenmol wies warrst.

Kladderoop, Klatterbüdel
Matrose (wörtl.: Kletteraffe, -beutel, der zum Anschlagen der Segel den
Mast hochklettern muß)

Klaffergatt, Klafferkatt
Petzer, Kind, das andere (z.B. nach einem Streich) verrät; Angeber
Noch een Wort, un ick prams di eenen op dienen smucken Gevel, du Klaffergatt – ich werde dir deinen hübschen Giebel verbiegen.
klaffern – laut und viel reden; verpetzen

Klapperbeen, Klappergestell
hagerer Mensch, Gerippe
Dat Klappergestell süht man ut as Kääs un Bottermelk – er macht einen elenden Eindruck.

Klapperhack
Mensch, der unentwegt klappernde Geräusche verursacht
Wenn dat Klapperhack de Trepp doolklabastert, gifft jedesmol 'n Dunnerwetter – ohne Getöse kann er/sie keine Treppe hinuntersteigen.

Klapperjaß
kränklicher oder unruhiger Mensch
Nix as Hemd un Büx, düsse Klapperjaß – er besteht nur aus Haut und Knochen.

Klappermuul
Mensch, der unentwegt redet
Segg mol, du Klappermuul, snackst du mit mi oder geiht di dat Muul man so?

Klappsnuut
vorlauter Mensch
Nu mook mol halvlang, du Klappsnuut, wi sünd hier nich op 'n Fischmarkt – es geht hier nicht nach der Regel: Wer am lautesten kann, gewinnt.

Klapskalli
einfältiger, unbeholfener Mensch
Du Klapskalli büst woll bi Klotz in de Obendschool gohn – deine Intelligenz ist begrenzt.

Klatschmuul, Klatschsüster, Klatschwief
Schwätzerin, Klatschbase, Frau, die alles weitererzählt, was sie gehört hat (und manchmal auch noch mehr)
Leeg mi man keen Löcker in'n Kopp, du Klatschwief! – vieles Lügen erzeugt Löcher im Kopf.
Klatscheree, Klatschkroom, Geklatsch – Geschwätz
klatschig – geschwätzig

Klauer
Dieb; Angeber; auch: feiner, tüchtiger Mensch
Na, du Klauer, kickst wedder ut för flegen Fisch? – hältst du nach fliegenden Fischen Ausschau, kundschaftest du etwas aus?

Kleibüdel, Kleiputt
Mensch, der sich mit unwichtigen Dingen aufhält; jemand, der sich immer schmutzig macht
De Kleibüdel püttjert un püttjert un is an'n Obend sowiet as an'n Morgen.
kleien – schmieren, (im Dreck) herumwühlen; auch: kratzen, streicheln

Kleikatt
kratzbürstige, störrische, selbstbewußte Frau
Mannslüüd dröfft allens eten, man nich allens weten, seggt de Kleikatt – Frauen sollten ihre Geheimnisse haben.

Klierpoot, Klierputt
unsauberer Mensch, besonders mit unsauberer Handschrift
Den Klierpoot sien Schoolheft süht ut as 'n Snittmusterbogen – man erkennt nur verworrene Striche und Hieroglyphen.
klieren – unsauber schreiben

Kliesterfritz
Buchbinder

Kliesterputt
Tapezierer; Buchbinder

Klockenheiland, Klockenpüster, Klockenschoster
Uhrmacher

Klookerjan, Klookkopp
eingebildeter, überkluger Mensch
De Klookerjan is klook op Eiereten, he puult eerst de Schell af – seine Fähigkeiten und Fertigkeiten übertreffen kaum die Erwartungen.

Klookschieter, Klooksnuut
Angeber, Besserwisser
De Klookschieter kann dörch 'n Brett kieken, wo 'n Lock in is – er gibt Großartiges vor, kocht aber auch nur mit Wasser.
klookschieten – (alt)klug reden, angeben

Kloon
alberner, dummer Mensch; Clown
Di hett woll lang nich de Nääs blött, du Kloon!

Klöönbüdel, Klöönbüdelsch, Klöönfotz, Klööngreet, Klöönhans, Klöönkasper, Klöönklatt, Klöönmett, Klöönmichel, Klööntrien, Klöönwief
Schwätzer, Schwätzerin
Och, sabbel doch mit dat Greuntüüg bi Planten un Blomen, du ole Klöönbüdel! – deine Ausführungen beleidigen meine Ohren.
Geklöön – lästiges Gerede
klönen – reden, schwatzen

Kloos Klump

kleiner, dicker, kurzhalsiger Mann, der allein durch seine Körperform
Aufmerksamkeit erregt (wörtl.: Klaus Kloß)

Goh hen un hool den Mors ut 't Finster, du Kloos Klump! – wenn du un-
bedingt auffallen willst, mußt du dir etwas ganz Besonderes einfallen las-
sen.

Kloos Kniep-Büdel

Geizhals

*De Kloos Kniep-Büdel kloogt in een Tuur, dat he nix to bieten un nix to
beuten hett* – er klagt ständig, daß er nichts zu essen und zu verfeuern
habe.

Kloos Obendsegen

Dummkopf

Kloos, Kloos Obendsegen hett sien Fro in't Bett bemegen – er hat seine
Frau eingenäßt.

Klopper

Schläger, Grobian

In Null Komma Nix bringt düsse Klopper 'n deegte Haueree toweeg – er
entfacht in kürzester Zeit eine rechtschaffene Schlägerei.

Klopperee – Prügelei

Klöterbüdel, Klöterfieken, Klöterhannes

Mensch, der sich mit unwichtigen Dingen aufhält; einer, der sich immer
schmutzig macht

*Bruno Klatt, de ole Klöterbüdel, brüddelt ook bloots twüschen Mistbeet un
Radies rüm* – sein Erfolg ist mäßig.

Klöterbüx

unruhiger Mensch

Sett di dool, du Klöterbüx, oder ick fier di an de frische Luft! – oder ich
werde dich entfernen (*fieren* – eine Last anheben).

Klotzkopp

Dickschädel

De verdreihte Klotzkopp mütt sick jedesmol 'n Extrawust broden – er ver-
steht es, seine Sonderwünsche durchzusetzen.

Klövenmors

Bäcker (wörtl.: Klövenarsch; *Klöven* – Hefegebäck)

Klumpfoot

Mensch mit verwachsenem Fuß

Den Klumpfoot hett sien Mudder woll an'n Feekstreek funnen – sie hat
ihn vermutlich am Spülsaum des Strandes aufgelesen.

Klumpfuust
Linkshänder
Achim Mollenhauer, de ole Klumpfuust, kann sien beiden linken Hannen
nich uteneenhooln – er vermag weder die rechte noch die linke Hand an-
gemessen einzusetzen.

Kluntje
grober Mensch; langsame, schwerfällige Frau
Dat ool Kluntje kümmt vör Middag nich ut de Puuch – sie liegt gewohn-
heitsmäßig bis zum Mittag im Bett.

Klütenbuur, Klütenpetter
Bauer; einer, der nicht aus der Stadt kommt und den man nicht für voll
nimmt (*Klüten* – Erdklumpen)

Klütenkopp
Dummkopf
De ool Klütenkopp ward all sien Doog nich klook – eine Steigerung seiner
intellektuellen Fähigkeiten steht im Widerspruch zu allen Erwartungen.

Knackstebel
dummer, unangenehmer Mensch; Schiffer einer Schute
De ool Knackstebel is dumm as Fieken Mehlhorn – sein Intelligenz-Quo-
tient dürfte unterhalb der Meßbarkeitsgrenze liegen.
→ *Kackstebel*

Knackwust
bemitleidenswerter Mensch, armes Würstchen
Vun de Knackwüst goht twölf op 'n Dutz – allein als Zwölferpack vermö-
gen sie Aufmerksamkeit zu erregen.

Knallerballer, Knallkopp
Dummkopf
Karlheinz Kluth, de Knallerballer, hett ober ook nix in sienen Bregenka-
sten binnen – er ist strohdumm.

Knallfratz, Knallkopp
Wüterich; Dummkopf
Lang sünd dien Finster nich mehr ganz, du Knallfratz – deine Brille wird
den anstehenden Streit nicht unbeschadet überstehen.

Knapphöker
Krämer, der sehr genau abwiegt

Knastbohr, Knastenschuver, Knastensteuter
Tischler (*Knast* – Knorren, Stubben, Astloch)

Knasterboort
grober, mürrischer Mensch
De Knasterboort is nich behaut un nich behubelt, he is eenfach so ut de Eek sloon – er ist grobschlächtig.

Knecht
Mann, Kerl; allgemein abfällig
Du büst mi so'n botterigen Knecht – ein merkwürdiger Zeitgenosse.

Kneepmoker, Kneper
Spaßmacher
Rainer Thon, düsse verdreihte Kneepmoker, dat is di ook so'n Oort Nummer – ein sonderbarer Knilch.
Kneep – Possen

Kneetmuus
Masseurin

Knickbeen, Knickebeen
Mensch mit unsicherem Gang (durch Krankheit oder Alkohol bedingt)
Moritz Meißner, dat ole Knickbeen, dümpelt rüm as Elbe Een to Wiehnachten – schwankt wie das (mittlerweile außer Dienst gestellte) Feuerschiff Elbe I.
knickbeenen – unsicher auf den Beinen sein, einknickend gehen
knickbeenig, knickerbeenig – unsicher auf den Beinen

Knicker, Knickerbüdel, Knickerhannes
geiziger Mensch
Keenen Pennen hett he hier loten, de ole Knickerbüdel, mit Pütt un Pann is he över de Au gohn – er hat sich mit seinem ganzen Besitz aus dem Staub gemacht (auch: er ist gestorben).
Knickeree – Geiz
So'n Knickeree will ick nich weten, man immer rut mit de Moneten – jetzt ist Freizügigkeit gefordert.
knickerig – geizig

Kniepoors
liederliche Frau (wörtl.: Kneifarsch)
Bi dat Kniepoors in'n Kookputt süht dat ut as Swienschiet mit Dill – ihre Kochkünste lassen zu wünschen übrig.

Kniesbüdel, Kniesbuuk, Kniespeter, Knieserkopp
Geizhals
Ralf Schimmelpfennig, de ole Knieserkopp, kann för Giez nich in Sloop finnen.
kniesen, knieseln – geizen, knausern
kniesig – übertrieben sparsam

Knittermuul
Mensch mit faltigem Gesicht
Op dien Visoosch hett de Düvel jo woll pleugen euvt, du Knittermuul – hat
der Teufel auf deinem Antlitz das Pflügen geübt?

Knoken
unangenehmer Mensch; allgemein abfällig
Dat is so'n fiesen Knoken, de den ganzen Dag blooß ole Omas vun 'n Kant-
steen schubst.

Knokenjan
dürrer Mensch
Mit Kuno Kück, den Knokenjan, is dat ook man so: huck, huck op 'n Bes-
sensteel – seine Gestalt eignet sich vorzüglich dazu, auf einem Besenstiel
zu reiten.

Knoker, Knokenbreker
Grobian; Chirurg
Wo de Knoker henlangt, dor waßt keen Gras mehr – sein Schlag hinter-
läßt nachhaltige Wirkungen.

Knubbel
kleiner, dicklicher Mensch
Frei di, du Knubbel, de meiste Arbeit is an de Eer.

Knuffti
rauher, grober Mann
Een Woort, un de Knuffti ballert di dat Seegras ut de Ohren – er wird dein
Gehirn kräftig durchschütteln.

Knüppelkruper
Führer eines Lastschiffs, Schuten-, Ewerkapitän

Koh
dumme Frau, törichtes Mädchen
Trina Peters, de dammlige Koh, hett doch ehr Fief nich op 'n Dutt – sie ist
nicht bei Sinnen.

Kohmors
sehr dummer Mensch (ursprüngl.: Hirte)
Dat is doch 'n Kohmors, as Minsch to dösig un as Swien to lütte Ohren –
er ist irgendwo zwischen Mensch und Tier anzusiedeln.

Kokelhehn, Kokelliesch, Kokelmuul, Kokelputt, Kokeltasch
Plaudertasche, Schwätzerin
Bi dat Kokelhehn ritt de Foden nich af, de is so lang, dor kannst Strümp
vun stricken.

Gekokel, Kokelee – dummes Gerede, Gegacker
kokeln – schwätzen, tratschen

Kökendragoner
herrische Hausfrau; Köchin
Wenn bi uns Kökendragoner dat Geld knapp ward, gifft fiev mol de Week Meckelborger Ananas – Steckrüben.

Kombüsenhingst
Koch

Kontorhingst, Kontorknüppel, Kontorligger
Büroangestellter

Kookhoor
liederliche Frau; Prostituierte (ursprüngl.: unzüchtige Frau, die am *Kook* – Schandpfahl stehen muß)

Köömbroder, Köömkopp, Köömnääs, Köömsnuut, Köömtille
Alkoholiker, Säufer
De ool Köömnääs is mol wedder so funkelduun, dat he den Himmel för 'n Dudelsack ansüht – er ist sturzbetrunken.

Köömkoker, Köömweert
kleiner Gastwirt

Koppschoster
Hutmacher

Kösterkoor
Schwafler, redseliger Mensch
De Kösterkoor snackt beter as de beste Stumme.

Krack
schlechter, böser Mensch; gebrechlicher Mensch
Di ole Krack loot ick op mienen lütten Finger danzen – du wirst nach meiner Pfeife tanzen.

Kreatur
unbedeutender, bemitleidenswerter Mensch
Du büst mi so'n Kreatur, mit di warr ick fix in't Geschirr gohn – dich werde ich mir vorknöpfen.

Kreetler, Kretelfritz, Kretelpuut
Zänker
Wenn de Kreetler eenen Dag keenen Stried moken kann, is he dree Doog krank – ohne Streit ist ihm unwohl.
Kretelee – Gezänk
kreteln – streiten
kretelig, kreetsch – streitsüchtig

Kreih
zänkische Frau
De ool Kreih mütt to allens ehr Gejibbel un Gejabbel dortogeven – sie läßt nichts unkommentiert.

Krinthenjung
Konfirmand, Lehrling, unerfahrener Jüngling
De lütt Krinthenjung is wedder tomoot as den Esel in'n Plummenboom – er weiß sich nicht zu helfen.

Krinthenkacker, Krinthenkromer, Krinthenkruper, Krinthenpuler, Krinthenpuper, Krinthenschieter, Krithensteuber
kleinkarierter Mensch; Krämer, kleiner Kaufmann
De Krinthenkacker söcht de Lüüs ut de Bickbeern – er beschäftigt sich emsig mit Kleinigkeiten.
Hamborger Krinthenschieter – in Neuenfelde Spottname für die eingebildeten Städter

Krischoon Krabbel-an-de-Wand
unwichtiger, unbedeutender Mann
Krischoon Krabbel-an-de-Wand un Moriken Do-di-nix, dat is 'n Poor, dor kannst di Hannen un Feut an warmen – sie machen als Brautpaar nicht viel her.

Krööt
niederträchtiger Mensch
De Krööt hett 'n Geweten as 'n Stevelschacht – sein Gewissen ist bodenlos und gleicht einem Stiefelschaft.

Kröpel
Krüppel, Mensch mit körperlichem Gebrechen
De Kröpel hett 'n Figur as 'n Bessensteel, de dreemol ümknickt is – seine Körperhaltung ist eher krumm.

Kröpel Achteihn
unehrlicher Mensch
Dat segg ick di: Wenn ick den Kröpel-Achteihn in'n Mors harr, den wörr ick in de Elv schieten – ich würde mich seiner entledigen.

Kropptüüg
Pöbel, Gesindel
Dat Kropptüüg leevt in so'n Rottenlock mit Schiet un Dreck an alle Ecken un Kanten – ihre Behausung ist verwahrlost.

Kruck
Unhold
De Kruck is doch achter jeden Rock ran un will ehr Amerika wiesen – er
ist verrückt nach Frauen und legt es darauf an, vor einer jeden seine Ge-
schlechtsteile zu entblößen.

Kruper
kleiner Geschäftsmann

Kruupbutt
kleiner, dicker Mensch
De Kruupbutt is so'n Mittelding twüschen Laternenpohl un Beerfatt –
seine Körpergestalt ist undefinierbar.

Kruup-ünner
kleiner, armseliger Mensch
Eten is keen Kunst, seggt de Kruup-ünner, man dat Betohlen – Essen
kann jeder, problematisch ist allein das Bezahlen.

Kruutkromer
Gewürz-, Kräuterhändler

Kuddl Daddeldu
Seemann
daddeldu – alles in Ordnung, besonders in der Seemanns- und Hafen-
sprache (engl.: *that will do* – das genügt)

Kuddl Dutt
unbedarfter oder kurzer, abgebrochener Mann
De Kuddl Dutt kümmt achter't Eenmoleen as Timm achter't Danzen – er
begreift überaus langsam.

Kujoon
Tunichtgut, Schinder, grober Mensch
*Wohrschau! De Kujoon kann vör Kraft nich groodut gohn; he mütt sick an
sien Drachbannen fasthooln* – er muß sich an seinen Hosenträgern fest-
halten.

Kulengräver, Kulenmoker, Kulenpurrer
Totengräber, Friedhofsgärtner

Kuli
Matrose

Kulissenschuver
Bühnenarbeiter

Kungelputt
Heimlichtuer, Intrigant
De ole Kungelputt mütt siene Finger ook in jedes Morslock rinsteken – er
hat seine Finger überall, auch an den empfindlichsten Stellen.

Kuppelwief
Kupplerin
*Ick finn to jeden Putt 'n Deckel, sää dat Kuppelwief, dor harr se de Söög
mit 'n Zegenbuck tosomenbunnen.*

Kusenbreker, Kusenklempner
Zahnarzt

Küütsnuut
Rotznase, häßlicher Mensch
*Wenn de Küütsnuut mol dootblifft, denn mööt se Löcker in sienen Sarg
bohren, dat de Wörms rut köönt* – damit den Würmern ein Fluchtweg
bleibt.
Küüt – Nasenschleim, Rotz; Gedärm

Laban
langer, dürrer Mensch
Ulf Knapp, de Laban, is so lang, as he dumm is.

Labberhannes
Schwächling
Kalli is 'n Keerl as 'n Footdook, so'n rechten Labberhannes – ein Kerl wie
ein Wischtuch.
labberig – schwach, flau, gehaltlos

Lachfatt
Frohnatur, ständig fröhlicher Mensch
Dat Lachfatt loot man, de hett 'n lütten Dreih-di-üm – er ist verrückt.

Landhai
räuberischer Hafenhändler
De Landhai hett mit 'n Ruffdi de ganze Greune Gäng överdüvelt – er hat
im Handumdrehen die Zollfahnder hereingelegt.

Langdalf, Langdarm
großgewachsener, schlaksiger Mensch
*Heiko Lohmann, de Langdalf, dümpelt rüm as 'n Fischkutter op 'n Af-
danzball* – er bewegt sich unbeholfen.

Langfinger
Dieb
*De Langfinger hett mol wedder 'n Stück Band funnen, wo 'n Pottjema-
nottje an weer –* ein Band, an dem ›rein zufällig‹ ein Portemonnaie befe-
stigt war.

Lapp, Lappoors, Laps
einfältiger Mensch, Grünschnabel
Hans Holst, de Lapp, is ook dumm as Panner sien Esel.

Lappenrieter
Textilwarenhändler oder -verkäufer

Larmmoker
Schreihals
Noch een Wort, du Larmmoker, un ick hau di 'n Backs, de 'n Pund wiggt –
dann hast du dir eine kräftige Ohrfeige verdient.

Leckersnuut, Leckertähn
Nascher
Beter is beter, sää de Leckertähn, dor strei he sick Zucker op 'n Honnig.
leckern – naschen

Leckoog
Mensch mit triefenden Augen
*Kiek bloots nich so dummerhaftig, du Leckoog, anners kriggst glieks wat
an'n Schandudel –* wenn du weiter so kuckst, gibt es Schläge.

leeg
schlimm, arg, bös, übel
Dat is so'n Leegen, dat de Düwel mit de Schinnerkoor an em vörbifohrt –
an ihm hat nicht einmal der Teufel Interesse.

Leegmuul
Verleumder, Lügenmaul
Gegen 'n Leegmuul un 'n Mißwogen kannst nich gegenanstinken.

Lehmklüter
Töpfer

Leuw
Hafenarbeiter, Herumtreiber
De Leuw mag sienen egen Sweet nich rüken – er ist arbeitsscheu.

Licht-un-Dichtmoker
Glaser

Liemkoker
Tischler (wörtl.: Leimkocher)

De Landhai

Lieschen Allerlei
untreue Geliebte, Dirne
Dat is ook man so'n Lieschen Allerlei, de hett mehr Mannslüüd, as de däänsche Keunig Suldoten hett.

Liev
langer, dürrer Mensch
Hau af, du Liev, anners mook ick Sniederkarben ut di – ich werde dich zu Salzheringen verarbeiten.

Linkspoot
Linkshänder
Linkspoot sleit 'n Düvel doot – er kann es mit dem Teufel aufnehmen.

Loddel
Zuhälter

Lögenbroder, Lögenbüdel, Lögenfatt, Lögenhannes, Lögenkopp, Lögenmuul, Lögenpeter, Lögenputt, Lögensack, Lögenschött, Lögensnuut, Lögensteert, Lögentasch, Lögentrien, Löger
Lügner(in)
Den Lögenbroder kannst nich wieder troon, as du mit 'n Amboß swümmen kannst – man kann ihm keinen Schritt trauen.

Lohmpoot
langsamer, langweiliger Mensch
De Lohmpoot seggt ober ook to allens jo un omen – er hat keine eigene Meinung, ihm ist alles einerlei.

Loopmann
kaufmännischer Lehrling, Laufbursche
Jürgen Behrens is den Koopmann sien Loopmann.

Loots
Koberer, Türsteher vor Nachtlokalen (eigentl.: Lotse)

Lord
vornehm tuender Mensch, feiner Pinkel, Angeber
De Lord mookt sick as 'n lackierten Oop – er kleidet sich auffällig.

Lork, Lorks
schlechter Kerl; unartiges Kind (wörtl.: Lurch)
Hein un Fietje, de beiden Lorksen, de hebbt sick söcht un hebbt sick funnen – sie passen hervorragend zusammen.

Lude, Luden, Lud(ewig), Lui
Zuhälter; auch: Prostituierte (Kurzform von Ludwig bzw. Louis)

Lulatsch
langer, schlaksiger Mensch
Wenn de Lulatsch nich de Hannen ut de Taschen nimmt, denn stellt se
em bald as Lüchtfüür op Swiensand op – er könnte als Leuchtturm gute
Dienste leisten (Schweinesand – unbewohnte Elbinsel vor Hamburg).

Lümmel
Flegel, frecher Mann, Junge
Den Lümmel war ick mol wiesen, dat Dusend mit D anfangt – ich werde
ihn zurechtweisen.

Lump
schlechter Mensch
Hand vun'n Sack, du Lump! – bleib davon fort!

Lumpengesinnel
ärmlich gekleidete Menschen, heruntergekommenes Volk
Wenn du dat Lumpengesinnel ut de Stroot hebben wullt, bruukst blooß
›Arbeit‹ ropen.

Lütt-un-Lütt-Weert
(im Hafen) umherfahrender Schnaps- und Bierverkäufer

Luurbüdel, Luurkopp
neugieriger Mensch
Hans-Peter Barghusen is 'n Luurbüdel, de weet aller Oors Opgang – er
weiß, wann jeder Nachbar seinen Hintern (aus dem Bett) hebt.

Luusangel, Luusbüdel
Mensch, der nur Unsinn (eigentl.: Läuse) im Kopf hat
De Luusangel dräumt den ganzen Dag vun gele Eier – er baut vorzugs-
weise Luftschlösser.

Luusfink
geiziger Mensch
Bi Geld höört de Fründschaft op, sää de Luusfink, dor grabbel he sick de
Klogroschen vun'n Tüller.

Maioop
herausgeputzter Mann, Angeber
Düsse Maioop, de hett di villicht 'n hoge Bost – er ist ein ausgemachter Schnösel.

mall
verrückt, durchgedreht
Büst mall? Geihst mit 'n Sünnenschirm to Bett un lettst den Regenschirm buten stohn!

Mallhammel, Mallkopp
unberechenbarer, zum Jähzorn neigender Mensch
De Mallhammel toovt as 'n Ool an de Angel – er schlägt wild um sich.

Mamsell
Frau mit freizügigem Lebenswandel
Nu hool man bilütten op mit den Swienkroom un de Fummelee, du Mamsell – deine Anzüglichkeiten erregen nicht nur Freude.
Mamsellenhuus – Freudenhaus

Marmelodenmoot
Materialverwalter (verballhornt aus: Materialienverwaltungsmaat)

Matz-Fotz
einfältiger, ungeschickter Mensch
Bi den Matz-Fotz sien Arbeit is keen Kopp un keen Mors an – er schafft nichts Rechtes.

Meister Finsterglas
Glaser

Messersmitt
Polizist

Mett
langer, dürrer Mensch (eigentl.: Regenwurm)
Mandus Plook, de Mett, kannst sövenmol üm den Karktorn wickeln, denn sünd immer noch dree Meter noh – siebenmal um den Kirchturm gewikkelt, bleibt noch mehr als genug für einen Durchschnittsmenschen.

Mettenmors
unangenehmer Mensch (wörtl.: Regenwurmafter)
Kriggst wat an'n Ballon, dat du de Kabeljau singen höörst, du Mettenmors – du wirst den Gesang der Fische vernehmen können.

Mettenseuker
Gärtner (wörtl.: Regenwurmsucher)

Mickerbüdel

unscheinbarer, unbedeutender; unachtsamer Mensch
Wenn de Mickerbüdel in'n Hoff geiht, mütt he oppassen, dat de Höhner em nich dootpett – er wird so wenig beachtet, daß die Hühner ihn zu Tode trampeln könnten.
mickerig – kümmerlich

Miesepeter

schlechtgelaunte, mißmutige Person
De Miesepeter treckt 'n Flunsch, dor kannst Rotten un Müüs mit von Bord jogen – er zieht ein Gesicht, mit dem man Ratten und Mäuse verjagen kann.
miesepeterig – verstimmt

Miesmoker, Miesmuffel

Mensch, der schlecht über andere redet
Gläuv em keen Wort, de Miesmoker lüggt sogoor bi't Beden – er sagt nie die Wahrheit.

Mietenschroper

Käsehändler (*Miet* – Milbe)

Mietje

leichtlebiges, flottes Mädchen
Trina is di villicht 'n basche Mietje, wat de för eische Been hett – sie ist ein ›kesser Käfer‹ mit ansehnlichen Beinen.
Mietje mit de Gatsch – Mädchen mit wechselnden sexuellen Bekanntschaften (*Gatsch* – Riß, Wunde)

Modenquetscher, Modenviez

Butter- und Käsehändler (eigentl.: Madenquetscher, Madendirektor)

Mogeroors

dünner Mensch
Mit so'n Mogeroors as di hebbt wi uns freuher de Schoh tobunnen! – Typen wie dich haben wir früher als Schnürsenkel benutzt.

Molerklattje

Anstreicher

Monarch

Berber, Bettler, Penner, Gelegenheitsarbeiter
Seh to, dat du Land gewinnst, du Monarch, anners wies ick di, wie in Hamborg Polka danzt ward! – ich werde dir zeigen, was eine Harke ist.

Moosmarten, Muusmatten

Träumer, Stubenhocker
Wo kann 't angohn, dat de Koh fleiten kann un hett doch so'n breet Muul, wunnert sick de Moosmarten.

Mors, Morsgesicht, Morslock
einfältiger Zeitgenosse; häßlicher, widerwärtiger Mensch
Ick komm direkt ut 'n Bildungsvereen, du Morslock!

Mucker, Muckerbüdel
unaufrichtiger, schüchterner Mensch; Frömmler; zurückgebliebener Mensch
Wat de Mucker snackt, is nich Fisch, nich Fleesch − man kann mit seinem Gerede wenig anfangen.

Muffkopp
unzufriedener Mensch
De Muffkopp treckt 'n Flunsch as Groten Hans in Petroleum − wie eine Mehlspeise in Petroleum.

Murk
unfreundlicher, mürrischer Mensch
De Murk mookt 'n Gesicht, as dat in hunnert Johr keen Mood west is − solch ein Gesicht war lange nicht in Mode.

Murksbroder, Murkser
schlechter Arbeiter, Pfuscher
Ick weet, du Murksbroder, freuher, as de Peer noch up Puschen güngen, hest du ut 'n Rietsticken 'n Fohnenmast snittjern kunnt − früher konntest du aus einem Streichholz einen Fahnenmast schnitzen.
murksen − schuften; schlecht arbeiten

Musche Blix
geschickter, pfiffiger, altkluger Kerl (wörtl.: Monsieur Blitz)
Düsse Musche Blix is glatt as 'n Ool, de weet, wo Bartelt den Most hoolt − er ist sehr wendig und kennt sich aus.

Muulheld
Angeber, Aufschneider, Großmaul
De Muulheld snackt as 'n Handvull rustige Schohnogels − er redet Unfug.

Muulkloos, Muulpeter
mürrischer, maulender Mensch
So'n Flapp mook man, du Muulkloos, denn warrst dien Fisch ook los − mit einem solchen Gesicht wird dir sicherlich alles gelingen.
Gemuul − Gemaule, Beleidigtsein

Muuloop
dummer, alberner Gaffer (wörtl.: Maulaffe)
Mook de Futterluuk dicht, du Muuloop, anners ward di de Melktähn suur.
muuloopen − gaffend herumstehen
muuloopsch − albern, blöd

Muurklatscher
Maurer

De Muuloop

Müüschenpreester
Langeweiler (wörtl.: Mäuschenpriester)
Hubert, de ool Müüschenpreester, snackt ook nich mehr as 'n Pund Kaffe
– er ist eher schweigsam.

Nachtmütz
langweiliger Mensch
Ach, du Nachtmütz, goh an de Alster un back Neejohr – tu, was du willst,
aber tu was.
Nachtmütz op twee Homelbeen – Dümmling
nachtmützig – tranig

Nappnääs
Dummkopf (wörtl.: Napfnase)
De Nappnääs kann di vun Hunnert bit Dusend frogen – er stellt ständig
Fragen, aber sein Lernerfolg ist bescheiden.

Naschkatt
Leckermaul
Ick finn, de Koken is to schood to'n Delen, seggt de Naschkatt – den Ku-
chen zu teilen wäre Sünde.

Nauke
gieriger Mensch, Geizhals (nach Emil Nauke, der sich wegen seiner kolos-
salen Gestalt für Geld sehen ließ)
*För Geld verköfft de Nauke sogoor sien Fro, un sien Swiegermudder glieks
mit.*

Neeschieter
neugieriger Mensch
*Ick weet vun nix, sää de Neeschieter, dor harr he bi de Noversch in'n Putt
keken.*

Neihfieken, Neihmamsell
Näherin
Bi dat Neihfieken löppt de Noht vun Backbord noh Stüürbord – die Naht
nimmt einen unregelmäßigen Verlauf.

Neihnodelgesell
Schneider

Nettfink, Nettknicker, Nettschieter; Nettfieken
geiziger Mensch
*Wenn du so veel vun Kunst versteihst, denn kunnst mi mol eenen utgeven,
du Nettfink* – du könntest mir einen ausgeben (Wortspiel mit ›Kunst‹ und
›könntest‹).

Neutschieter
Geizkragen (wörtl.: Nüssescheißer)
Ick will geern arm ween, seggt de Neutschieter, wenn ick man jümmers de Tasch vull Geld heff.

Nickeldreiher
Geizkragen, jemand, der die kleinste (Nickel-)Münze dreimal umdreht, bevor er sie ausgibt
Dat segg ick di: Bi den Nickeldreiher is keen Blomenputt to arven – bei ihm ist nichts zu holen.

Niedhammel
Neidhammel
De ool Niedhammel is uns doch den Mewenschiet an de Finsterschieven nich günnt – er mißgönnt uns auch das Geringste.

Nillenkopp
unmöglicher Kerl (auch: Eichel des Penis bzw. Rundkopfschraube)
Du ole Nillenkopp hest den Kopp ook bloots, dat di dat nich in'n Hals rinregent.

Nöler, Nölert, Nöölbüx, Nöölfotz, Nöölhans, Nööljoochen, Nöölpeter, Nöölsüster, Nööltasch, Nööltrien
langsamer Mensch, Zauderer
Konrad Rolf, de ole Nöölbüx, is immer 'n beten langsom in de Schoh.
Genööl, Nöleree – Bummelei, Nörgelei
nölen – langsam oder unwillig arbeiten, trödeln

Nuddeljan
träger Mensch
De Nuddeljan kümmt ook eerst, wenn dat anner Kind ook doot is – er kommt immer zu spät.
nuddeln – sich beschäftigen, ohne von der Stelle zu kommen
nuddelig – langsam, verspielt

Nunn
Frau mit unsolidem Lebenswandel, Hure (eigentl.: Nonne)
Bi de Nunn sitt nich bloots Propheten op de Bettkant – ihre Freierschaft ist abwechslungsreich.

Nuschfieken, Nuschgreet
unordentliche, oberflächliche Frau
Goh noh Huus un melk de Heuhner, du Nuschgreet! – verzieh dich!

Nusseljoochen, Nusseljohann
Schlafmütze, begriffsstutziger Mensch

Loot di man keen Aschammer in de Ogen weihen, du Nusseljoochen –
werde endlich wach.

Genussel – Unordnung, Durcheinander

Nuttfutt
Mensch, der mit keiner Arbeit richtig vorankommt
*Hans-Werner Walther, de ole Nuttfutt, stellt sick an as 'n Kattfisch bi 't
Kortenspeeln* – sehr ungeschickt.

Nuttgreet, Nuttasch
weinerliche Frau
Nu blarr mi nich wedder de Ohren vull, du Nuttgreet – laß mich mit deinem Gejammer zufrieden.

Oben(d)kruper, Oben(d)pluck, Oben(d)sitter
leicht fröstelnder Mensch (wörtl.: Ofenkriecher, -pflock, -sitzer)
De Obenpluck freert as 'n Snieder un bevert as 'n Neihnodel.

Oberdietlein
Halbstarker
De Oberdietlein kennt dat 11. Gebot: Loot di nich verblüffen.

Obermufti
Anführer
*Wenn Robert Felz, de Obermufti, so wiedermookt, denn sloog ick em to
Appelmoos!*

Ohnboort
Milchgesicht, Weichling (wörtl.: Ohnebart)
Ick hau di glieks een in'n Nacken, dat du Bloot speest, du Ohnboort.

Oolsch
Frau, Ehefrau; allgemein abfällig
Rut mit de Oolsch an de Freuhjohrsluft!

Oont, Oontmors
Mensch mit wackeligem Gang
*De watschelige Oont kann ook noh söben Grog noch nich op 'n Kantsteen
lopen.*

Oop, Openkopp, Openoors, Openpinscher, Opensnuut, Opi
Affe, dummer Mensch; eingebildeter Mensch
Wullt 'n Open sehn? Kiek in'n Spegel!
Se hebbt em wedder to'n Open hatt (mookt) – sie haben ihn zum Besten
gehalten.
Openkroom – Unfug, vornehmes Getue
oopsch – albern, affig, eingebildet, übertrieben, geziert

Oors

unangenehme Person (eigentl.: Hintern)
Du stellst di an as Oors un Friederich – sehr ungeschickt.

Oorsbackengesicht, Oorsgesicht, Oorslock

dummer, widerlicher Mensch
Dat Oorsbackengesicht hett bloots Quinten in'n Kopp – er macht nur dummes Zeug.

Oorskruper

Leisetreter, Speichellecker (wörtl.: Arschkriecher)
De Oorskruper is so glatt as 'n Finkwarder Ool – er schmeichelt sich überall ein.

Oorspauker

Lehrer (wörtl.: Arschpauker)
Bi 'n Oorspauker noh School gohn is immer noch beter as gor nix lehren –
jeder noch so üblen Sache kann man etwas Gutes abgewinnen.

Oos, Oosbalg, Oosbüdel, Ooskeerl, Oosknoken, Oosminsch, Oospans

(Plural *Öös*, verstärkend *Ööster*)
Aas, Mensch, der andere quält, indem er seine körperliche oder geistige
Überlegenheit ausnutzt
Dat verdreihte Oos vun Melkmann hett mi al wedder blaue Melk andreiht
– er hat mir mit Wasser verlängerte Milch verkauft.

Oosgöör

lästiges Kind
Lever 'n Sack Fleuh höden as düsse Oosgören.

Ooskroom, Oostüüch

einfaches Volk, Pöbel
Dat Ooskroom kannst man in de Arfen stellen – als Vogelscheuche sind
sie vielleicht noch zu gebrauchen.

Oß, Ossenkopp

Dummkopf; allgemein abfällig
Op de Sabbelee vun den Ossenkopp kann ick fleiten – sein Gerede ist mir
einerlei.

Pack

Gesindel, Pöbel

Pack sleit sick, Pack vergeiht sick.

Paddel, Paddelfoot

Mensch, dem alles mißlingt

Pett di man keen Balken in de Feut, du ole Paddel – mäßige deine Unbeholfenheit.

paddelig – ungeschickt

Pajazz

Possenreißer (ital.: Bajazzo)

Julus Kruse, de Pajazz, is 'n Hingst för alle Höög – er ist vergnügungssüchtig.

Pampmuul

frecher, aufmüpfiger Mensch, Trotzkopf

Paß man op, du Pampmuul, kriggst glieks een an'n Kopp, dat du op 'n Buddelschipp anhüürn kannst – danach kannst du als Matrose auf einem Buddelschiff anheuern.

pampen – freche Reden führen

Pannkoken

Dummkopf (so flach wie ein Pfannkuchen)

Keen sick för 'n Pannkoken utgifft, ward ook för 'n Pannkoken opfreten – wird entsprechend behandelt.

Pappkopp

Dummkopf

De ole Pappkopp hett nix as frische Luft un solten Woter in sienen Bregenkasten – sein Kopf ist gefüllt mit Frischluft und Salzwasser.

Pappschinees

merkwürdiger Mensch (Papp – Pappe; pappig – schlaff, untüchtig)

De Pappschinees hett sien Fief ook nich tosomen – er hat seine (fünf) Sinne nicht beisammen.

Pappsleef

besonders schlimmer Schlingel (Verstärkung von → *Sleef*)

Du wullt woll mit 'n blau Oog afgohn, du Pappsleef – es liegt dir offenbar etwas an einem Veilchen-Auge.

Pascha

Pascha, Mann, der sich gern von Frauen bedienen und umschmeicheln läßt

Kaschi Duwe, de ole Pascha, de hett 'n Leven as broot Ool mit Appelmoos.

Pastuur

häßliche oder meckernde Frau; allgemein abfällig

Ruth Bunk, dat ole Pastuur, mütt ook gegen den helligen Dag anstrieden – sie streitet auch gegen das Offenkundige.

Patzkopp
Dickkopf
Paß op, du Patzkopp, ook wenn du dien Tuurn hest: Di warr ick noch bi'n Kanthoken kriegen – trotz deiner Widerborstigkeit wirst du noch gefügig werden.
patzig – frech, aufdringlich

Pennbroder
Landstreicher
De ole Pennbroder stinkt as ick weet nich wat – er riecht streng, aber undefinierbar.

Pennendreiher, Pennenfuchser, Pennenschieter
Geizhals
De Pennenschieter rüükt 'n Heiermann dree Mielen gegen den Wind – seine Wahrnehmung für Geldangelegenheiten ist erstaunlich.
Pennenschieteree – Geiz

Pepersack
Großkaufmann (wörtl.: Pfeffersack)

Pesel
langer, schlaffer, einfältiger Mensch; Schmutzfink
Klaus-Wilhelm, de ool Pesel, sitt op sien Eierkist vun Moped as 'n Oop op 'n Sliepsteen.

Peter Lügg
Lügenpeter; jemand, dem man nur wenig Vertrauen entgegenbringen sollte
Düsse Peter Lügg, de geiht mit de Wohrheit üm, as wenn he dor Stüürn för betohlen mütt – sein Verhältnis zur Wahrheit ist gestört.

Peter Neeschier, Peter Neeschieter
neugieriger Mensch
De Peter Neeschier weet allens vun di, ook, wat du eerst in dree Doog to höörn kriggst – er weiß mehr über seine Mitmenschen als sie selbst.

Peter Puup, Petjen Puup
Schwächling
Petjen Puup mit 'n Steen in'n Buuk – Kinderspott.

Pickdroht, Pickfiester, Pickhingst
Schuster

Piependreiher
Zigarrenmacher

Piepenkopp
Dummkopf (wörtl.: Pfeifenkopf)
Du ole Piepenkopp snackst as 'n Stück Supp – du redest Ungereimtes.

Piepgoos, Piepgössel
Weichling, weinerlicher Mensch, Sorgenkind
Bi Erni Lüders, de lütt Piepgoos, hebbt sien Öllern woll ook dat Wichtigst vergeten – er ist nicht vollständig ausgestattet.

Piesepampel
kleinlicher, ehrgeiziger Mensch
Un immer is dat de ole Piesepampel vun Volkert Grothjohann, de dat dicke Enn tofoot kriggt – er heimst ständig den größten Erfolg oder Gewinn ein.

Piffer, Piffkopp
Dummkopf
Ut so'n Piffers as di hebbt wi freuher bi Blohm un Voß Nieten kloppt.
Piffkroom – Nebensächlichkeit
piffig – unbedeutend
pifferig – kleinkariert

Pillendreiher
Apotheker
Beter goot leven as Geld noh 'n Pillendreiher dregen.

Pingstoß
Mensch, der sich überzogen aufputzt (wörtl.: Pfingstochse)
De schön will sien, mütt lieden Pien, sää de Pingstoß, dor sett he sick 'n Blomenputt op 'n Kopp.

Pinsel
eitler Mensch
De verdreihte Pinsel, dat is een för't Glasschapp – er ist dem Alltag nicht gewachsen.
pinselig – übergenau; auf Äußerlichkeiten bedacht

Pinselquäler, Pinselquoolmoler
Anstreicher

Pißbekieker
Arzt

Pißbüdel, Pisser
Bettnässer; unwichtiger, unfähiger Mensch
Bi den Pißbüdel geiht immer allens blangenbi, dor nützt nich mol 'n Lümmeltüüt – mit oder ohne Kondom, bei ihm geht alles schief.

Pißbuden-Lui
Stricher, Strichjunge, Prostituierter (der in öffentlichen Bedürfnisanstalten auf Freier wartet)

Pißkopp
Blödmann, dummer Mensch
Wenn ick de Visoosch vun den Pißkopp to Gesicht krieg, denn lach ick mi jedesmol 'n Appel – sein blödes Gesicht reizt zum Lachen.

Pißtante
Toilettenfrau

Pittje
Kleinigkeitskrämer
Allens Handarbeit, sää de Pittje, dor harr he sick dree Rietsticken dreiht – drei Streichhölzer gedrechselt.

Plappermuul, Plappersnuut
Schwätzer, Mensch, der viel redet
Mook dat Muul to, du Plappermuul, anners früst di noch dat Hart – sonst friert dir das Herz.
Geplapper – Geschwätz
plappern – schwatzen, viel und unbedacht reden
plapperig – geschwätzig

Plattendrücker(sch)
derber Mensch; Umstandskrämer, langweiliger Mensch; jemand, der zu jeder verhandelten Sache seine ungewünschten Kommentare abgeben muß
De verdammte Plattendrücker mookt vun allens 'n Weeswark, as wenn he op Tante Meier sitt un op Sünnenschien teuvt – er zögert und kommt nicht zu Potte.

Plattfoot, Plattkopp
dummer Mensch
Mook hier bloots nich so'n Remmidemmi, du Plattkopp! – verhalt dich gefälligst anständig.

Plätthusoor
Büglerin

Plosterkasten, Plosterstrieker
Apotheker

Plötertasch
Plaudertasche, Schwätzerin
Höörst du mi överhaupt to, froog de Plötertasch ehrn Mann, dor weer de al dree Doog doot.
Geplöter – Geschwätz, Plauderei
plötern – schwatzen

Plummenaugust
Schwätzer, Quatschkopf
Alfred Krull, de Plummenaugust, hett mol wedder grote Rosinen in'n Sack — große Pläne.

Plummenbengel, Plummenboort, Plummenbüx
unerfahrener junger Mann
Scheet bloots in'n Wind, du Plummenboort! — verdrück dich!

Plummensteuberer
Krämer, kleiner Kaufmann

Plünnenhöker
Manufakturwarenhändler, besonders Kleidungsverkäufer

Plünnenjokob, Plünnenjoochen
heruntergekommener Mensch; Lumpen- und Altwarenhändler
De Plünnenjokob hett nich mol mehr 'n Hemd över'n Mors to trecken — ist bettelarm.

Plünnenschoster
Flickschneider

Plusterjan
aufgeblasener, eingebildeter Mensch
Jo, jo, düsse Plusterjan: Je gelehrter, je verkehrter — je mehr er weiß, desto weltfremder wird er.
plusterig — zerzaust, aufgeblasen

Poggensluker
gefräßiger Mensch, der seine Bissen gierig und hastig hinunterschlingt (wörtl.: Froschschlucker)
Goot Swien fritt allens, sää de Poggensluker, dor harr he 'n Viddel vun'n Oß wegneiht — ein Ochsenviertel verspeist.

Poller-Elli
Prostituierte auf dem Straßenstrich
De Poller-Elli hett 'n Bost, dor kann se 'n poor Logen Lütt un Lütt op dregen — auf ihrer Oberweite finden einige Bier- und Schnapsgläser Platz.

Pööks
kleiner Kerl; kleines Kind
Kumm her, du Pööks, kriggst 'n frische Winnel!

Pöseler
Arbeiter, der sich zumeist mit Nichtigkeiten beschäftigt
Wat de ool Pöseler beschickt, driggt de Katt op 'n Steert weg — seine Arbeitsleistung fällt nicht ins Gewicht.

De Plusterjan

Postbüdel
Briefträger

Priembüdel
Schwätzer
*Wenn du den Priembüdel op't Muul pettst, denn bruust he mit 'n Mors
wieder* – er wird sich weiter mit irgendeinem Organ bemerkbar machen.

Probenrieder
reisender Geschäftsmann, Handlungsreisender

Prohler
Angeber, Prahler
Klei di an de Feut, du Prohler, kriggst warme Fingerspitzen – behalt deine
Weisheiten für dich.
prohlsch – angeberisch

Prootjenmoker, Prootjerer
Schwätzer
*Wat de ole Prootjerer snacken deit, dat is as dreemol mit de Fischbloos
puupt* – nur heiße Luft.

Proppentrecker
Dummkopf (wörtl.: Korkenzieher)
*De Proppentrecker is so dösig, den kannst 'n Kohmors för 'n Oßmuul ver-
keupen* – ein X für ein U vormachen.

Proppkopp
Dummkopf
De Proppkopp is klook as 'n Imm, fehlt bloots dat Honnigschieten.

Prüünbüdel, Prüüngreet, Prüünjette, Prüünjule
Flickschneiderin; unordentlich arbeitendes Mädchen
*Kannst lever op 'n Oors liggen un de Been hoochholln, seggt de Prüünbü-
del, as di för dree Kantüffel 'n halve Stünn lang aftomarachen.*

pucklig
verwachsen, krumm (von Menschen)
Na, du Puckligen, hest dienen Oop al Woter geven?

Puddje
dummer Mensch
Loot di man nich vun de Swien bieten, du Puddje.

Puffboos
Bordellbetreiber

Puffgänger
regelmäßiger Bordellbesucher
Anner Länner, anner Sitten, anner Froons, anner Titten, sää de Puffgänger, dor leeg he mit dree Deerns in't Bett.

Puff-Lui
Zuhälter

Puffmoder
Bordellbesitzerin

Puhohn
Meister auf der Werft oder im Zimmermannshandwerk; Arbeiter

Pummel
dicker Mensch
De Pummel is goot bi Schick, jüst hett he 'n halv Swien för Ballast opeten
– er ist wohlgenährt und sorgt dafür, daß sich daran nichts ändert.

pummelig, pummelrund – mollig

Punschmeier
Mann mit einer Vorliebe für geistige Getränke
De Punschmeier gütt sick geern mol een achter den Slips.

Pupe
Prostituierter, Stricher

Purks
kleiner, zwergenhafter Mensch
De Purks mutt sick 'n Ledder holen, wenn he man sienen Noom in'n Snee pissen will.

Puttenflicker
Straßenhändler (wörtl.: Topfflicker)

Puttenkieker, Puttenlicker, Puttkieker
Topfkucker, Näscher
Fingers weg, oder ick warr di wiesen, wo de Muurmann dat Lock loten hett, du Puttenlicker.

Puttenkleier, Puttenrüker
Mensch, der sich gern um anderer Leute Angelegenheiten kümmert
Steek den Finger in'n Mors un rüük dor an, denn weetst wat Landluft is, du Puttenkleier.

Puttfarken
schmutziger Mensch
Wenn dat Puttfarken sienen Nacken nich foorts waschen deit, denn kannst em dor greune Arfen op planten – auf seiner Haut bildet sich ein guter Ackerboden.

Püttjer

genauer Arbeiter, Kleinigkeitskrämer (eigentl.: Töpfer)
Ach wat, du Püttjer, so genau vögelt keen Eddelmann, dat dor keen Hoor twüschen kümmt.

Püttjerkroom – Nebensächlichkeit

püttjern – herumpusseln

Püttjer Achteihn

unehrlicher Mensch
De Püttjer Achteihn is falsch as de Schuum op't Woter – ihm/ihr ist nicht zu trauen.

Putz, Putzemann

Polizist

Putzbüdel

Frisör

Putzenmoker

Possenreißer
Fehlt nich veel, un de Open seggt Minsch to düssen Putzenmoker – er ist auf dem besten Weg, von den Affen als ihresgleichen anerkannt zu werden.

Putzlaputz

ungelernter Arbeiter, der einfache Arbeiten verrichtet, Faktotum; Mädchen für alles
De Putzlaputz sweet, dat he ganz natt ünner de Tung is – er überarbeitet sich wahrlich nicht.

Puuchlapper

Pantoffelheld, Waschlappen, Schlafmütze; Habenichts (wörtl.: Lappen aus einem schlechten Bett)
De is unsen Herrgott sien Gor-nix, düsse Puuchlapper – er gleicht einem Vakuum.

Puups

kleiner Mensch (wörtl.: Furz)
Mit den lütten Puups heff ick noch 'n Ei to pellen – ein Hühnchen zu rupfen.

pupsig – klein, unwichtig

Puus, Püüsch

unmoralische Frau, Hure (wörtl.: Vulva)
Vun de Puus, dor is ook al dat beste vun af – sie kommt in die Jahre.

Quabbel, Quaddel
dicker Mensch
De Quabbel hett siet Anno Kruuk sien Feut nich mehr to sehn kregen.
quabbelig – fett

Quackelkopp, Quackeltasch
Schwätzer, Vielredner
Anna Kreuger, de ole Quackeltasch, hett jo woll reinweg de Muuldiaree –
ihr Redefluß gleicht einem Durchfall.
Quackelkroom – Unfug, dumme Sache
quackeln – dumm daherreden

Quacksalver
Apotheker; Kurpfuscher, schlechter Mediziner

Quälgeist
Nörgler
Du ole Quälgeist hest ook all Nääs lang wat to quarken – dir ist nichts
recht zu machen.

Qualle
dicker Mensch
De Qualle hett 'n Kopp as teihn Pund Hamborger Speck in Gelee.

Quappenkopp
Mensch mit breitem Kopf; Dummkopf
De Hoot steiht den Quappenkopp an, as wenn de Hund ut de Büx geiht –
er kleidet ihn nicht im geringsten. (*Quappe* – Aal- bzw. Kaulquappe)

Quarkbüdel, Quarkputt, Quarkmors
Schwätzer, unzufriedener Mensch, Meckerer
De ole Quarkbüdel is immer krank un keenmol doot – ein Hypochonder.
Quarkbüdelee, Gequark – Meckerei
quarken – murren, widersprechen
quarkig – mürrisch, maulend

Quäsbüdel, Quäshans, Quäskloos, Quäskopp, Quäsmarten, Quäs-putt
Nörgler
Quäseree, Quäskroom, Gequäs – Gemäkel, Genörgel
quäsen – nörgeln, mäkeln
Hau di man 'n Nogel in't Knee, denn hest wat to quäsen – dann hast du
Grund zum Klagen.
quäsig – nörglerisch

Quasselbuck, Quasselbüdel, Quasselbüx, Quasselfritz, Quassel-hans, Quasseljoochen, Quasselkopp, Quasselstripp
Schwätzer(in)
Quasselee, Quasselkroom, Gequassel – dummes Gerede, Unsinn
quasseln, rümquasseln – schwätzen, reden
Dirk Lüdders quasselt luder Hack un Plück – er redet Unfug.
Greten Grütt, de kann di dootquasseln – sie redet ununterbrochen.
quasselig – geschwätzig

Quast
Dummkopf, Einfaltspinsel
De ole Quast is to mall to'n Inholen – er ist zum Einkaufen zu dumm.

Quatschkopp
Schwätzer
Den Quatschkopp dröffst du nix op de Nääs backen, denn weet dat glieks de halve Stadt – er ist ein hervorragender Verbreiter von Geheimnissen aller Art.

Quengelputt
Nörgler, Stänkerer
Goh noh Hogenbeck, bring de Papageien dat Flegen bi, du Quengelputt.
quengeln – nörgeln
quengelig – nörgelig, ungeduldig

Querkopp
eigensinniger Mensch
De Querkopp is opsternootsch, wenn Wiehnachtenobend Snee liggt, man Pingsten will he mit den Sleden noh Kark – seine Erwartungen sind nie zu erfüllen.

Quesenkloos, Quesenkopp
häßlicher, widerlicher Mensch (*Quees* – Schwiele, Hautquetschung)
Den Quesenkopp magst mit 'n Mors nich ankieken – er ist in jeder Hinsicht unansehnlich.

Quicksteert
schneller, gewiefter Mensch
Dat segg ick di: de Quicksteert is koolt as 'n Hunnensnuut – er ist abgebrüht und jederzeit auf seinen Vorteil bedacht.

Quiddje
Nicht-Hamburger, Nicht-Plattdeutscher, jemand, den man nicht für voll nimmt
Hau doch af, du Quiddje, dien Kantüffeldüütsch snackt wi bi uns dör de Nääslöcker!

Rabauk
Flegel, Rabauke
Mook Platz, du Rabauk, anners kannst dien Knoken in'n Fischkist wedderfinnen.

Racker, Rackerknecht, Rackersdeern, Rackerskeerl
kleines freches Kind; Schelm
Di schüllt de Peer bieten mit 'n hölten Muul, du Racker — paß nur auf!
rackerpatzig — grob

Rackertüüg, Rackervolk
Gesindel, Pöbel
Wohr di vör düt Rackervolk, de treckt di de Büx ut, wenn du dor noch binnen stickst — du bist ihnen nicht gewachsen.

Raffke, Raffkoter
gieriger Mensch
Düsse Raffke, wat he nich betohlen kann, dat lett he sick an de Finger bakken — das läßt er mitgehen.

Rammelbüdel, Rammeljoochen
unruhiger Mensch, besonders zappeliges Kind
Arne, düsse Rammeljoochen, haut Pütt un Pann in Dutt, ehr de Düvel Schoh antreckt — er zerschlägt das Geschirr in einem beachtlichen Tempo.

Rammer
Grobian
Paß op, du Rammer, anners kriggst een an'n Poller — andernfalls beziehst du Kopfnüsse.

Rand
alte zänkische oder störrische Frau
Dat Rand speelt sick wedder op as 'n Pogg bi Moondschien — sie führt sich unangenehm auf.

Rappeljule, Rappelkopp, Rappelpuus, Rappelsnuut, Rappeltasch, Rappbüx, Rappsnuut
Schwätzer(in)
De ole Rappsnuut, kümmt hierher un will uns Billerbeuker vertellen — sie erzählt Märchen, Lügengeschichten.
rappeln — schwätzen, viel reden
rappelig — unruhig, unbändig

Rappsnovel
Grünschnabel; unbedacht oder voreilig handelnder Mensch
De Rappsnovel is so tumpig, de lett sick dat Ei ünner'n Mors wegnehmen — er läßt alles mit sich machen.

Rasmus
zänkische Frau
De Rasmus löppt mit 'n Snutenwark rüm, as wenn ehr een wat in de Supp mookt harr – sie zieht ein Gesicht, als ob ihr jemand etwas in die Suppe praktiziert hätte.

Ratsch, Retsch
liederliche, unsaubere Frau
Dat schafft wat weg, sää dat Ratsch, dor putz se sick mit de Schiethuusböst de Tähn – zur Zahnpflege bevorzugt sie eine Toilettenbürste.

Rattgatt
unruhige, nervöse Frau
Dat Rattgatt gifft eerst Roh, wenn se 'n Meter ünner de Eer liggt – in lebendigem Zustand wird sie nie Ruhe geben.

Rattje
Straßenfeger, Müllwerker; Rüpel; liederliche Frau
De Rattje mookt sick de Hannen mit Arbeit nich schietig un mit Woter nich rein – ihre Unsauberkeit kommt nicht von der Arbeit.

Räuber
Schlingel (auch für kleine Kinder); Gauner, unehrlicher Mensch
Düsse Räuber, de kennt in Santa Fu jeden Steen – weil er oft genug in der Justizvollzugsanstalt Fuhlsbüttel eingesessen hat.

Räuberpack
Gesindel
Düt Räuberpack is doch den Düvel vun de Schuufkoor fullen – sie sind eine Teufelsbrut.

Raudi
Raufbold, Rowdy
Knut Ruge, de Raudi, mookt nich lang Hokuspokus, gifft 'n Haueree, is he dor mank – er läßt keine Prügelei aus.

Rechtsverdreiher
Rechtsanwalt

Reck, Rick, Ricks
lang aufgeschossener Mensch
De Kledoosch hangt düt Reck an't Liev as 'n labberige Fohn bi Flaute – seine Kleidung sitzt wie eine schlaffe Fahne bei Flaute.

Reesbüdel
Schwätzer
De Reesbüdel snackt in een Tuur, man he weet vun Tuten un Blosen nix af – er ist von paradiesischer Unbedarftheit.
resen – prahlen, schwatzen

Rees-Tille
Prostituierte (→ *Tille*), die ihre Freier gern mit endlosen Geschichten unterhält

Reetschieter
dummer Mensch (wörtl.: Schilfscheißer)
Düssen Reetschieter hebbt se Denkpulver geven, man nu kann he vör Dummheit nich ut de Ogen kieken – gegen sein mangelndes Denkvermögen hilft keine Medizin.

Reff
häßliche oder dumme Frau
Wenn Dummheit quietschen wöör, müß dat Reff den ganzen Dag mit de Eulkann rümbirsen (herumrennen).

Rekel, Rekelhannes
langer, schlaffer, fauler Mensch
Fuulheit, loot los, oder ick do Gewalt, seggt dat Rekel.
rekeln – sich hinflegeln

Restensuper
Nachtschwärmer; Schmarotzer (wörtl.: jemand, der die Reste im Glas austrinkt)
Wat een binnen hett, kann een kener mehr wegsupen, seggt de Restensuper – was weg ist, ist weg.

Rieke
Prostituierte
För 'n Jungfernschaft kann 'n sick keen Semmeln keupen, seggt de Rieke – Jungfräulichkeit steht nicht hoch im Kurs.

Riemelschoster
Dichter

Riesbessen
zänkische Frau
De ole Riesbessen schafutert noch mit den Fischhöker över de Brotpriesen – läßt keine Gelegenheit aus, ihre Rechte einzufordern.

Rietenspliet, Riet-op, Riet-üm
Draufgänger; frecher Junge
Wenn du den Rietenspliet wat in de Hannen giffst, de ballert di allens kott un kleen – er zerschlägt, was ihm in die Hände gelangt.

Ritzenschuver
Gleis- und Weichenreiniger bei der Straßenbahn

Rohmpietscher
Milchmann (wörtl.: Rahm-, Sahneschläger)

Rohmslicker
Leckermaul
Dat mark di, wenn de Muus satt is, smeckt dat Mehl bitter, du Rohmslik-
ker − bei vollem Magen läßt der Appetit nach.

Rohrpüüster
Klempner

Rönnsteenschipper
schlechter Schutenkapitän

Roosterjette, Roosterputt, Roostertasch, Roostertrien
Schwätzerin
Düsse Roosterjette snackt, as wenn se eben ut't Ei kropen weer − redet
kindisches Zeug.
Geroos, Gerooster − endloses Gerede
roostern − schwatzen

Rosinenstengel
junger, unerfahrener Kaufmann

Roßkeutel
dummer, unangenehmer Mensch (wörtl.: Pferdeapfel)
Goh weg, Roßkeutel, oder ick feeg di! − oder ich züchtige dich.

Röterpuus, Rötersnuut, Rötertasch, Röterwief
Schwätzerin
Dat Röterwief snackt, as wenn se dorför betohlt kriggt.
Geröter − lautes, lästiges Gerede
rötern − ununterbrochen reden

Rottenbieter
Draufgänger; Kriminalbeamter
Olli Manz is so'n rechten Rottenbieter: gebacken un veerkantig − unter-
setzt und stämmig.

Rottenkopp
übler Mensch
Du hest woll 'n Ei op't Dack, du Rottenkopp − bist wohl nicht zurech-
nungsfähig.

Rotzkeek, Rotzsnovel, Rotzsnuut
weinerliches Kind
Frei di, du Rotzkeek, to Middag gifft gestoofte Muurmannsnäsen.

Rotzlappen
schlechter, auch unsauberer Mensch; Taschentuch
Du Rotzlappen büst doch so dumm as dat ünnerste Enn vun'n Kohsteert −
von kaum zu unterbietender Intelligenz.

Rotzlümmel, Rotzmichel, Rotznääs, Rotzsnuut
frecher Junge
Wenn de Rotznääs mi noch mol in de Arms löppt, denn mookt he 'n Reis —
dann wird es ihm schlecht ergehen.

rotznäsig — vorlaut, frech

Rovenoos
böser Mensch; allgemein abfällig (wörtl.: Rabenaas)
So'n Rovenoos as Otto Knoop heff ick mien Doog nich sehn — ist mir noch
nie untergekommen.

Ruckoors
Mensch, der mit seinem ausladenden Hintern drängelt
Wenn du Ruckoors wieder so wrökeln deist, denn gifft wat an'n Piepen-
kopp — dann setzt es Schläge.

Ruffelhusoor
Wäscherin

Ruffelwief
Kupplerin
Dat Ruffelwief hett 'n Muulwark as 'n Bootsmann vun'n Fiefmastbark —
ihr Mundwerk ist nur mit dem eines mit allen Wassern gewaschenen See-
manns vergleichbar.

Rümdriever
Herumtreiber, Tagedieb, Arbeitsscheuer; frecher Junge; Böttcher (weil er
den Reifen um die Tonne treibt)
Du kriggst glieks welk an dienen Gehörkasten, dat du meenst, de Elv
brennt, du Rümdriever.

Rumpelpumpel
dicker, polteriger Mensch
De ool Rumpelpumpel kümmt immer mit bu un baff an — er verhält sich
ausnahmslos grob.

Runks
ungebärdiger Mensch
Kannst ehr 'n Swien dat Fiedeln lehrn as düssen Runks dat Danzen — an
ihm ist Hopfen und Malz verloren.

Runkunkel, Runkunkelsch
alte oder häßliche Frau
'n Fro as 'n Schötteldook, düsse Runkunkel — sie ist nur einem Wischlap-
pen vergleichbar.

Rüpel
frecher Junge, Flegel
Frank Knoops, düsse Rüpel, is frech as Sott – wie Ruß.
rüpelig – flegelhaft
Ruugbeen, Ruugfrosch, Ruugjack
Grobian, gemeiner oder derber Kerl
Loot di man nich ut 'n Antog pusten, du Ruugfrosch – paß bloß auf, du ...!
ruugbeenig – verkommen, ungeschliffen
Ruugpuddel
Mädchen, das niedere Arbeiten verrichtet, Aschenputtel
Dor quääl ick mi 'n olen Dreck üm, sää dat Ruugpuddel, dor harr se al dat Schiethuus reinmookt.
Ruutsmieter
Rausschmeißer, Türsteher und Ordnungskraft in Lokalen

Sabbelboort, Sabbelbüdel, Sabbelhannes, Sabbelkopp, Sabbelliese, Sabbelmuul, Sabbelputt, Sabbelsnuut
Schwätzer(in), Angeber(in)
Sabbelee, Gesabbel – Vielrederei
sabbeln – Unnützes reden
Sabbel di man keen Fransen an de Büx! – rede kein Blech!
Sack
widerlicher Mann; allgemein abfällig
Piß in 'n Wind, du Sack! – verdrück dich!
Sackermenter
Halunke, schlechter, verrohter Mensch
Di Sackermenter hebbt se woll in 'n Bregen scheten un vergeten ümtoröhrn – du hast nichts Brauchbares im Hirn.
Sackneiher
Schiffsausrüster
Sänger
Schwätzer
Buttje Beier, düsse Sänger, de leggt sien Eier allerwegens mank – glaubt, alles besser zu wissen.
Satoonsbengel, Satoonsgast, Satoonsjung, Satoonsknecht, Satoonsoos, Satoonstüüg, Satoonswief
herrischer oder zänkischer Mensch
Lick Schiet, Zucker is to düür, du Satoonswief.

Sävelbeen
kleiner, besonders O-beiniger Mensch
Mit düt ool Sävelbeen is nich goot Farkengriepen – weil die Ferkel ihm durch die Beine entwischen.

Schandarm
Polizist, Ordnungshüter
swatten Schandarm – Pastor (als moralischer Ordnungshüter)

Schandoos
widerlicher Mensch
Steek du Schandoos man dienen Kopp in sienen Oors un biet em den Hals af.

Schandwief
Prostituierte

Scharnökel
Ekel, widerlicher Mensch
So'n Scharnökel as Harm Saß wöör ick mi op 'n Dom för Geld nich ankieken.

Scharpbüx
Frau mit ausgeprägtem Sexualtrieb
Claudia is gor keen Scharpbüx, se is man bloots so bang alleen in't Bett un denn in Düstern.

Scharunzel
alte, häßliche, runzelige Frau
De Düvel schall di holen, so glatt un schier büst du, du ool Scharunzel – deine Schönheit vermag höchstens den Teufel zu reizen.

Scheefbeen, Scheeffoot, Scheefhack
gehbehinderter Mensch
Beter schewe Been as gor keen, seggt de Scheefhack.

Scheefmuul
allgemein abfällig, besonders auch: Pfandleiher; Rohproduktenhändler, Lumpensammler

Scheeloog
schielender Mensch; Neider
Kiek di man nich de Ogen ut 'n Kopp, du Scheeloog.

Schellfisch, Schellfischoog
Mensch mit großen starrenden Augen
De Schellfisch kickt doch ut 'n Kopp as de Oop ut 'n Oors.

Schettergreetj
unsauberes Mädchen, schmutzige Frau
Wenn de Schettergreetj Bohnensupp koken deit, denn smitt se ehr Ünner-büxen to'n Waschen mit in'n Putt – sie erleichtert sich die Arbeit, wobei sie jede Unsauberkeit in Kauf nimmt.

schewe Dree
lächerlicher Mensch, Schießbudenfigur
Du büst mi so'n schewe Dree, süppst den ganzen Dag Kaffe un obends büst duun – dir mangelt es an innerer Kraft und Durchsetzungsvermögen.

Schiet, Schiethupen
minderwertige Person; allgemein abfällig
Kumm mi nich an de Farv, du Schiethupen, oder du kannst in de Alster swömmen lehren – komm mir ja nicht zu nahe!

Schieteree – Durchfall
schietig – schmutzig
Schietenangst – übergroße Furcht
schietenduun – völlig betrunken

Schietbüdel, Schieter
kleines Kind, Liebling (meistens als Kosewort, aber auch abwertend gebraucht)
›Opa‹, seggt de lütt Schietbüdel, ›schinkst mi 'n Jojo?‹ – ›Jo, jo!‹

Schietenhöker, Schiethöker
kleiner, unansehnlicher Mensch
Loot den lütt Schiethöker man – wat to'n Swienstrog behaut is, kann keen Vigelien mehr warrn – man muß ihn nehmen, wie er ist: dumm geboren, nichts dazugelernt und die Hälfte wieder vergessen.

Schietenkleier, Schiethammel, Schietkeerl, Schietlappen, Schietmarten, Schietmeier, Schietmors, Schietoors, Schietpans, Schietranzel, Schietsack
schmutziger Mensch; Stänkerer, Aufwiegler
Un Manni Splitt, de ool Schiethammel, mook wedder för dusend Doler Larm – er verursachte kräftigen Wirbel.

Schietfeger
Straßenkehrer

Schiethuuskommandant
Klempner

Schiet-in-de-Büx, Schiet-in't-Hemd
kleiner, unerfahrener Junge; ängstlicher Mensch
Dat mark di, du Schiet-in-de-Büx: Wenn Kinner as grote Lüüd kacken wöllt, denn barst jem de Oors – wer sich übernimmt, wird Schiffbruch erleiden.

Schietkopp
dummer Mensch
Nee, Jens-Peter Joost, de dösige Schietkopp, döcht in sien Fell nix – er taugt gar nichts.

Schinner, Schinnerhund, Schinnerknecht
Schinder, Quäler
Meyer mit den Bessensteel haut de Kinner alltoveel. Alltoveel is ungesund, Meyer is 'n Schinnerhund.

Schinscher
(Tausch-)Händler (engl.: *to change* – wechseln usw.)

Schoop, Schoopskopp
einfältiger Mensch, Dummkopf
De Schoopskopp grient as 'n Putt vull Müüs – er lächelt unergründlich.

Schoster, Schosterjung
ängstlicher Mensch; Nichtskönner
Kumm her, du kannst mi in'n Mors wohnen, du Schoster, denn fallt di keen Dackpann op 'n Kopp – die von dir erwünschte Sicherheit bringt dich nicht voran.

Schraffel
Spitzbube
Hinnik un Ewald, dat sünd di twee Schraffels, wo de een mit wuschen is, is de anner mit afdreugt – einer ist wie der andere.

Schraffel Achteihn
Tölpel; unbemittelter Mensch
De Schraffel Achteihn hett 'n ansläägschen Kopp: wenn he de Trepp dool-fallt, sleit he gegen alle Stufen – er ist ein ganz Schlauer (*ansläägsch* bedeutet eigentl. ›schlau, klug‹; hier Wortspiel mit ›gegen etwas schlagen‹).
schraffelig – unbedeutend

Schrappnell
häßliche, zänkische Frau
Ganz dat Frauchen, sää de Mann, as he dat Schrappnell mit ehren Rott-weiler över de Stroot lopen seh – die Ähnlichkeit zwischen ihr und ihrem Hund ist frappierend.

Schreckschruuv
überspannte oder häßliche Frau
Wenn du düsse ole Schreckschruuv sühst, kannst di bloots wunnern, wat unsen Herrgott för 'n groten Tiergoorn hett – sie ist in ihrer Art einzigartig.

Schreehals
vorlauter Mensch
De Schreehals mütt immer 'n groten Bogen speen – er spuckt große Töne,
gibt an.

Schrökel, Schrökel Achteihn, Schrökelbeen
elender Kerl, Krüppel
De arme Schrökel: hett man een Been, un dat is vun Holt.
schrökelig – gebrechlich

Schropel, Schroper
Geizhals
*Düsse Schropel, wenn he den Hals endlich vull hett, denn stoppt he sick
dat achtern rin.*

Schropenpüster
Versager, Tolpatsch, Einfaltspinsel; aufgeblasener Mensch; ärmlich ge-
kleideter Mensch
Den Schropenpüster kunn ick mit 'n blanken Oors in't Gesicht springen –
er macht mich wütend.

Schrubber
verkommener, gering zu schätzender Mensch
Du kannst mi mol an'n Obend beseuken, du Schrubber – du kannst mich
mal!

Schruuv
Schreckschraube, häßliche, zänkische Frau
Wenn du de Schruuv keen P vörsetten deist, denn speet se Gift un Gall –
setzt man ihr keine Grenzen, dann schimpft sie in einem fort.

Schubbejack, Schubbjack
Bettler, abgerissener oder gemeiner Mensch
De Schubbjack süht ut as dree Doog doot – er sieht sehr elend aus.

Schullenkniepersch
Fischverkäuferin

Schutensteuter, Schutenstoker
Führer einer Schute, Schutenfahrer

Schüüürbessen, Schüüürdüvel
Frau, die ständig saubermacht, Putzteufel
*Betti Reimers is 'n Schüüürdüvel, de geiht sogoor mit Feudel un Leuwogen
to Bett* – aus Liebe zum Putzen nimmt sie sogar den Wischlappen und
den Schrubber mit ins Bett.

Seeleuw
Seemann (wörtl.: Seelöwe)

Seibel-Tille
Prostituierte (→ *Tille*), deren Einkommen gering ausfällt, weil sie ihre Zeit mit Reden verbringt
seibeln – schwatzen

Seutlecker
Nascher
Tort is Tort, sää de Seutlecker, dor greep he sick dat gröttste Stück.

Sirupsklüütj
unangenehmer, widerlicher Mensch, klebriger Fatzke (wörtl.: Sirupskloß)
Kumm man nich in mien Fohrwoter, du aflickte Sirupsklüütj – komm mir nur nicht zu nahe.

Sirupslicker, Sirupsprinz
Krämer

Sittgoos
träges, bewegungsscheues Mädchen
De Sittgoos is man bloots bang, dat ehr Lüüs sick verkeuhlt – sie fürchtet, ihre Läuse könnten sich erkälten.

Sitt-op'n-Sack
Geizhals
Hool dien Muul un tell dien Geld, du Sitt-op'n-Sack – kümmere dich um andere Dinge.

Sladderdarm
Hänfling, schwächlicher, schlaffer, langer, dürrer Mensch
De Sladderdarm hett doch Been as Spreen – Beine wie ein Star.

Slamatje
faule, geschwätzige Frau
Jo, jo, snack du Slamatje man vun Anno een, as de Elv afbrenn un de Schellfisch to heet in't Diektor rinkemen – dein Gerede ist ebenso verlogen wie uninteressant.

Slang
unaufrichtige, doppelzüngige Frau
Gerda Nattke, düsse ole Slang, bringt di wieder, as dien Feut di dregen köönt – durch ihre üble Nachrede steigt dein Bekanntheitsgrad.

Slappsteert
Schlappschwanz, träger Mensch
Deit mi leed, ick heff rein vergeten, wo de Arbeit geiht, seggt de Slappsteert.

Slaps
schlaksiger Mensch
Moritz Möller, de Slaps, is ober ook ewig lang; wenn de in Altona henfallt, steiht he in Barmbek wedder op.

Slarpenflicker
Langeweiler, träger Mensch; Schuster (wörtl.: Pantoffelflicker)
De ool Slarpenflicker rennt gauer as Bismarck op sienen Sockel – er bewegt sich schneller als das Bismarck-Denkmal.

Slarpenmoker
(Holz-)Schuhmacher

Sleef
frecher Junge, Schlingel
De Sleef hett 'n gesunnen Kehr-di-an-nix – ihn kann nichts aus der Ruhe bringen.

Sleuerfieken, Sleuer-op
unordentlicher, nachlässig gekleideter Mensch
Wat de Sleuer-op an't Liev hett, dor kannst nich mol mehr Feudel to seggen – seine Kleidung taugt nicht einmal mehr zum Wischtuch.

Sleuks
lang aufgeschossener Mensch, Schlaks
De Sleuks kann ut de Dackrönn supen.

Sleupbüx, Sleupendriever, Sleuper; Sleuplock
Herumtreiber; unsaubere Frau
Dat Arbeiten steiht den Sleupendriever an as den Hund dat Beersupen – einer geregelten Arbeit nachzukommen entspricht nicht seinem Naturell.

Slickermuul
Leckermaul, Naschkatze
De Arbeit mag ick lieden, sää dat Slickermuul, dor dreih he den Botterkoken in Honnig üm.

Slickschuver
Kapitän eines Lastschiffs, Ewer- oder Schutenführer

Slieker, Sliekmann
Schleicher, Leisetreter
Paß op den Slieker op, de will sick bloots mit frömde Feddern putzen.
slieken, sliekern – schleichen

Slinkfiester
Müßiggänger
De ole Slinkfiester waßt noch mol an – wegen seiner Unbeweglichkeit wird er Wurzeln schlagen.

Slo-dool, Slo-doot, Slo-in'n-Boort
rücksichtsloser Mensch, Schläger, Grobian (*Slo-doot* durch Umstellen von *Slo* zu *Sol* auch derb für: Soldat)
De Slo-doot fackelt nich lang, denn gifft wat ut 'n Effeff – ohne lange zu zögern, schlägt er zu.

Sloopmütz
langweiliger, verträumter Mensch
Kuddl, de ole Sloopmütz, kann den Mors ook bloots bören, wenn se in Fernsehn Football speelt – nur dann kriegt er seinen Hintern hoch.
sloopmützig – schläfrig, gedankenlos

Slucks
unerfahrener Junge
De Slucks steiht dor as 'n Bäcker, de de Stuten to groot mookt hett – er schaut verdutzt drein, wie ein Bäcker, dem die Brötchen zu groß geraten sind.

Sludderbüdel, Sludderbüx, Sluddergreet, Sludderjack, Sludderjoochen, Sluddermarie, Sluddermichel, Sludderputt, Sludderpuus, Sluddertasch
dürrer Mensch; Schlampe
De Sludderbüx kannst dat Voderunser dörch de Backen blosen.
Sludderee – Unordnung
sludderig – nachlässig, schlampig

Sluderboos, Sluderbüdel, Sluderbütt, Sluderbüx, Sluderfieken, Sludermadam, Sludermeiersch, Sludermett, Sludersch, Sluderschört, Sludersüster, Sludertasch, Sludertrien, Sluderwief
Schwätzer(in)
Sluderee, Sluderkroom, Sludersnack – Klatsch, Geschwätz, Verleumdung
sludern – schwatzen
Maren Engel sludert un klatscht, dat hett man sien Oort – sie ist sehr kunstfertig im Weitererzählen.
sluderig – klatschsüchtig

Slüngel
Schlingel, gerissener Mensch; frecher Junge
Paß man op, dat du keenen an de Batterie kriggst, du Slüngel – du läufst Gefahr, Prügel einzustecken.

Sluntje
liederliche, unordentliche Frau
De Sluntje hett ook nix anners as Fietjepupereen in'n Kopp – sie führt ein ausschweifendes Sexualleben.
sluntig – unordentlich, zerrissen

Sluukhals
Schluckspecht, starker Trinker
Baschoon Brandt, de ole Sluukhals, neiht ook noch den teihnten Grog weg, as wenn dat Appelsaft weer – auch den zehnten Grog spült er wie Apfelsaft hinunter.
sluuksch – gierig

Sluuk-över
Nimmersatt
Op 'n Dom haut sick de Sluuk-över mit Seuts un Natts den Buuk vull, dat de Remen bast – er füllt sich den Magen mit Süßem und Flüssigem, bis der Gürtel platzt.

Smachtlappen
schwächlicher, energieloser Mensch
Den Smachtlappen hoolt ook bloots sien Drachbannen tohoop – allein seine Hosenträger halten ihn aufrecht.

Smeerbüdel, Smeerfieken, Smeerfink, Smeerjack, Smeerkopp, Smeerpans, Smeerpesel, Smeerputt, Smeertje
unangenehmer, schmieriger, schmutziger Mensch
Den Smeerbüdel mag ick nich mol mit de Knieptang anfoten – ich meide jeglichen Kontakt zu ihm.
smeerig – klebrig, schmutzig

Smeerbuuk
dicker Mensch
Schorsch Harder, de Smeerbuck, kann al lang nich mehr sehn, wat sien Klapp opsteiht un de Duven rutfleegt – seinen Hosenschlitz kann er nur im Spiegel einsehen.

Smeerlappen
Schmeichler, Schleimer
De Smeerlappen will sick bi de Froons bloots 'n witten Foot moken – will sich bei den Frauen nur einschmeicheln.

Smeermichel
Polizist

Smoltmors
wohlbeleibter Mensch (wörtl.: Schmalzarsch)
De hett di ober 'n scheunen Groffbäcker, düsse Smoltmors – er hat einen ausladenden Hintern.

Smuddel
schmutziger Mensch
Den kannst mit greune Seep afkoken un mit de Wöttelböst schüürn, denn is he immer noch grimmelig, düsse Smuddel – seine Schmutzschicht widersteht Reinigungsversuchen jeglicher Art.
smuddeln – sudeln, schmieren
smuddelig – beschmutzt, dreckig

Snacker, Snackersch, Snackbroder, Snackbüdel, Snackfatt, Snacksack, Snacksüster

geschwätziger Mensch
Snackeree, Gesnack – Geschwätz, Redeschwall
snacken – reden; schwätzen
Harald Külper kann beter snacken as 'n Avkoot – er redet wie ein Buch.
Agnes Witt snackt geern achteran – sie neigt zur verleumderischen Nachrede.
Britta Wenzel snackt as 'n Book, bloots nich so klook – sie redet viel Unsinn.

Snappenlicker

Rotzlöffel, Mensch mit ungeputzter Nase
Den verdammten Snappenlicker mütt ick eerstmol dat Eenmoleen verhöörn – ich muß ihn mir vorknöpfen.

Snappsnuut

vorlauter Mensch
Noch een Wort, un ick sloo di dat Tähnfleesch fuul, du Snappsnuut – du solltest dir schon mal einen Zahnarzttermin geben lassen.
snappsnutig – vorlaut, dreist

Snapsdrossel, Snapsmatikus, Snapsnääs, Snapsschöttel

Alkoholiker, betrunkener Mann
Prost, ji Snapsdrosseln! Glück un Frieden, un an'n Mors keen Hämorieden – Trinkspruch.

Snarrbüdel

langsamer, langweiliger Mensch
Ehr de Snarrbüdel 'n Foot in de U-Bohn kriggt, ballert em immer de Döör vör de Nääs dicht – er kommt bei allen Dingen zu spät.
Snarrkroom – verworrenes Zeug

Snauzbüdel

frecher Kerl, Grobian
Goh an'n Hoben, Kreevt döschen, du Snauzbüdel – du solltest dich mit dem Ausdreschen von Krebsen beschäftigen.

Sneuermoker

Hanswurst, Leichtfuß; Lügner (eigentl.: Schnurmacher, Reepschläger; daher Spitzname der Moorburger für die Altenwerder)
Wat mutt, dat mutt, sää de Sneuermoker, as he twee Glas Beer mit 'n falschen Hunnerter betohlen dee.

Snieder, Sniederfips

ängstlicher Mensch
Gustav Fink, de Snieder, de süht jo ut as 'n Proppen op 'n Essigbuddel – er schaut sehr betrübt drein.

Sniederlappen
Schneider

snooksch
merkwürdig, eigenartig, sonderbar, verschroben
Dat is 'n Snookschen, de kickt nich bloots bi Vullmoond dör di dör – er
wirkt ständig geistesabwesend.
snooksche Gesell – Sonderling

Snoopmuul
Freund von Süßigkeiten, Leckermaul
*Eet man bloots nich so veel Bontje, du lütt Snoopmuul, anners backt di
noch de Mors dicht* – die Süßigkeiten werden dir den Hintern verkleben.
snopen – naschen, lecken

Snoterbüdel, Snotergoos, Snoterhals, Snoterjoochen, Snoterliese, Snoterputt, Snoterpuus, Snotersüster, Snotertasch, Snotertrien, Snoterwief, Snöter
Schwätzer(in)
De Snoterhals is in een Tuur an't Klötern vun Smuddelwedder un Krabbensoloot – er redet ununterbrochen über Nichtigkeiten.
Gesnoter – Geschnatter, Stimmengewirr
snotern – schnattern, schwatzen

Snottenlicker, Snotternääs, Snudder
Kind, dem der Rotz aus der Nase hängt
Kai, de lütte Snottenlicker, geiht över Stock un Block – er kennt keine Gefahr.
snotterig – dummdreist, flegelhaft
snottig – rotzig, schmierig

Snüffler
neugieriger Mensch, Denunziant; Zollbeamter
*Loot di hier noch eenmol sehn, du Snüffler, denn warr ick di welk in de
Finster brummen* – ich werde tätlich werden.

Snurrer, Snurrersch, Snurrjoochen
Bettler, Schnorrer; heruntergekommener Geschäftsmann
De Snurrer mookt sick de Finger nich schietig – auch ohne festes Einkommen hat er sein Auskommen.

Snurrerpack, Snurrervolk, Snurrerwoor
Pöbel, Bettler
Dat Snurrerpack hebbt se mit Sack un Pack an de Luft sett.

Snutenfeger, Snutenkratzer, Snutenschroper
Frisör, Barbier

De Snauzbüdel

Snutensnacker, Snutensnackersch
Schmeichler, einer, der anderen nach dem Mund redet
Mit Eien un Kleien kann een 'n Bullen doolkriegen, seggt de Snutensnakker — mit Streicheln und Kratzen kann man alles durchsetzen.

Snüürbüdel
Vielredner, Schwätzer
An den Snüürbüdel is 'n Avkoot an verloorn gohn — er ist sprachgewandt und hätte Anwalt werden können.

Sorgengeeschen
leidende, ständig von Sorgen erfüllte Frau (vgl.: Geeschen)
Dat Sorgengeeschen geiht immer so as 'n Hund, de keen Steert mehr hett — sie wirkt stets niedergeschlagen.

Söög
widerlicher Mensch; allgemein abfällig (wörtl.: Sau)
Kumm mi nich dumm, du ole Söög, anners mook ick ut di 'n Frickadell — sonst wird aus dir Hackfleisch.

Sotthoken
unreinlicher Mensch, besonders mit schmutziger Nase (wörtl.: Rußhaken, wohl abgeleitet aus der scherzhaften Bezeichnung für die Tabakspfeife)
De Sotthoken hett wedder 'n dode Rott in de Tasch — er verströmt den Geruch einer toten Ratte.

sottig — schmutzig

Sottje, Sottneger
Schornsteinfeger; unbedeutender, schmutziger Mensch

Spacken
widerlicher Mensch, Dummkopf
Henning Lenz, den olen Spacken, warr ick noch mol ornlich den Puckel vullneihen — ich werde ihn verprügeln.

Speckbuuk
dickleibiger Mensch
Krüschoon Struhs, düsse Speckbuuk, süht jüst so ut, as wenn he 'n lütten Versuupdamper doolsluukt harr — als habe er ein kleines Fährschiff verschluckt.

Speckjäger
Mitgiftjäger; gefräßiger Mensch
Wilken Möller, de Speckjäger, hett sien Schipp in'n Hoben bröcht — sein Schäfchen ins trockne.

Specksnieder
Proviantmeister für Schiffe

Speelfieken
verspielter, alberner Mensch
Dat Speelfieken hett nix as Flusen in'n Kopp: snackt vun ›Arrividerci Roma‹ un kloppt sick mit 'n Homer op 'n Dumen – er/sie phantasiert viel.

Speukenkieker
Hellseher, Mensch, dem absonderliche Fähigkeiten nachgesagt werden;
Spinner
Paß op, Korl, de Speukenkieker kann mehr as Swattbroteten – er verfügt über übernatürliche Kräfte.

Speukenkiekeree, Speukeree – (zweifelhaftes) Blicken in die Zukunft;
Spinnerei

Speuker
kleiner, unerfahrener Mensch
Wenn du kiebig warrn wullt, du Speuker, denn kannst mol an dat Band rüken, wo de Wust mit tobunnen is – mit Frechheiten kann ein Winzling wie du mir gar nicht kommen.

Spiddel, Spiddeldings, Spiddelfink, Spiddelfips, Spiddelfix, Spiddelwips
kleiner, dürrer Mensch
De Spiddelwips kann freten as 'n Schünendöscher – das viele Essen setzt bei ihm nicht an.

Spiddelkroom – alter, wertloser Kram
spiddelig – dünn

Spiekerleuw
Speicherarbeiter, Hafenarbeiter

Spijökenmoker
Spaßmacher, Witzbold
Düsse Spijökenmoker is doch 'n Keerl as 'n Pund Toback – den Kerl kannst du doch vergessen.

Spijöök, Spijökenkroom – Unfug, Narretei, Blödsinn
spijöken – Spott treiben, Ulk machen
spijökenhaft – albern, zum Spott herausfordernd

Spink
kleiner, unbedeutender Mensch
Du kannst mol an'n Proppen rüken, du Spink – du gehst leer aus.
spinkelig, spinksch – schmächtig, mager

Spinner
Wirrkopf, Phantast; Angeber
De negenkloke Spinner fantaseert mit kole Feut in't warme Bett – sein Weltbild ist völlig unrealistisch.

Spinootwachtel
häßliche, unangenehme Frau
De hett di villicht 'n poor Pohlen ünner ehr Schiethuus, düsse Spinoot-
wachtel – sie hat bemerkenswerte Beine.

Spinootwächter
Zollbeamter

Spitzboov
Gauner, hinterhältiger Mensch
De ool Spitzboov mookt jüst Urlaub in Bad Neuen an der Gamme – er sitzt
in der Justizvollzugsanstalt Neuengamme ein.

Spitzbovenpack, Spitzboventüüg
Pöbel, Pack, Gesindel
Freuher hebbt wi so'n Spitzbovenpack an de heuchste Roh opbummelt, un
hüüt sitt se as feine Herren in't Roothuus.

Splienkopp
Spinner, Phantast (engl. *spleen* – Tick usw.)
Müttst gor nich op henhöörn, wenn de Splienkopp wat an'n Dag gifft –
achte nicht auf das, was er von sich gibt.
splienig – übergeschnappt

Spookbeen
langer, dürrer Mensch (wörtl.: Speichenbein)
As so'n Hunnenhütt, de Spookbeen: in jede Eck liggt 'n Knoken – Kno-
chen sind sein hervorstechendstes Körpermerkmal.
spookbenig – wadenlos

Spucht
dürrer Mensch, Gerippe
Hannes Himp, de lütt Spucht, hett ober ook keen Mors in de Büx – seine
Hose schlottert.

Spudder
dünner Mensch; schlechter Mensch, Betrüger; Bettler; armer Mensch
Bi den Spudder, dor helpt keen Tofüttern nich, de mütt so in de Supp –
beim ihm gibt es keinerlei Hoffnung, daß er dicker wird.
spuddern – zwecklos herumhantieren oder -laufen

Sputtangel
grober Mensch; Betrüger
Gleuv em keen Wort, de Sputtangel lüggt, dat de Balkens knackt – auf
das, was er sagt, sollte man nichts geben.

Stackel, Stackelsdeern, Stackelsfro, Stackelsgast, Stackelsgöör, Stackelsjung, Stackelskeerl, Stackelskind, Stackelskröpel, Stakkelsmann, Stackelsminsch, Stackelswief
kleiner, unwichtiger Mensch; Habenichts; körperlich behinderter, auch schwacher Mensch
Dat Stackelsdeern hett den ganzen Obend mit Bankmann danzt – sie ist als Mauerblümchen sitzengeblieben.
stackelig – elend, schwach

Stakettenmoler
Anstreicher

Stankangel, Stankbüdel, Stankfatt, Stankhammel, Stankhoor, Stankmoker, Stankmokersch, Stankoos, Stankpäsel, Stänker, Stänkerbüdel
streithafter Mensch, Aufrührer
Stank – Ärger, Streit, Unannehmlichkeiten
Stank för Dank, sää de Buur, dor full he mit 't Schiethuus üm.
Bi de Semmelkorns gifft dat siet Johr un Dag nix as Stank un Striet – sie leben in ständigem Ärger und Streit miteinander.
stänkern – Streit machen
stänkerig – streitsüchtig

Steertholler
Mitläufer (eigentl.: Schwanzhalter)
Wat gifft dat för 'n Mallöör af, wenn ut 'n Steertholler 'n Viez ward – es kann nicht gutgehen, wenn ein Mitläufer zum Vormann wird.

Stemmbroder
Dieb
Wat dat nu 'n Steeknodel is oder 'n Mercedes: Rolf-Dieter Gripp, düsse Stemmbroder, kann allens bruken – er läßt gern etwas mitgehen.

Stiefbuck
körperlich und geistig unbeweglicher Mensch
Bi't Danzen smitt düsse Stiefbuck mit sien Been as so'n Duckdalben – seine Beine erinnern an die mächtigen Holzpfähle, an denen Schiffe vertäut werden.

Stinkadores
Menschen, die nach minderwertigem Tabak riechen (ursprüngl. erfundener Name für schlechte, die Luft verpestende Zigarren)
Na, sitt ji Stinkadores wedder tohoop un qualmt Marke ›Heldentod‹?

Stinkbüdel, Stinkmuul, Stinkstebel

mürrischer, widerlicher Mensch, Streitmacher, allgemein abfällig

Nu treck endlich af, du ole Stinkbüdel, anners hau ick di to Klump – wenn du nicht Leine ziehst, geht es dir schlecht.

Stinkfotz

schmutzige Frau

Du infame Stinkfotz, hest di vun morgen woll in'n Goldammer wuschen un de Seep opfreten! – deinem Geruch nach zu urteilen, hast du dich im Fäkalieneimer gewaschen und die Seife verspeist.

Stippelsteert

unruhiges, zappeliges Kind

Nich vör Vadder in't Fatt, du Stippelsteert – drängle dich nicht vor (besonders bei Tisch).

Stohkrogenprolet

Handlungsgehilfe, Schreiber

Stöhnbüdel

Jammerer, jemand, der über alles klagt

Klei di an'n Mors, du Stöhnbüdel, denn hest an'n Buuk keen Schrammen – laß mich mit deinem Wehgeschrei zufrieden!

Gestöhn – Wehklagen

Stokendrücker

Ewerführer

Stomerbuck, Stomerhannes, Stomerjohann

Stotterer

De Stomerbuck höört sick an as Happapapüü – seine Sprache ist oft unverständlich.

Stoppelhopser

Infanterist; unbedeutender Mensch; kleines Kind

Paß bloots op, du Stoppelhopser, dat du nich ünner 'n Rosenmeiher kümmst.

Stötterbüx, Stötterhans, Stöttermors

Stotterer

Hans-Peter, de Stötterbüx, kümmt eenfach nich vun't Wort – die flüssige Rede fällt ihm schwer.

Streevkatt

emsig arbeitende Frau

Freuhjohrsputz is för Elli Kock, düsse Streevkatt, ook man 'n Klacks mit de Wixböst – Saubermachen fällt ihr leicht.

Strietbüx, Striethammel, Strietmoker(sch)
streitsüchtiger Mensch
Lever 'n fett Swien in'n Stall as so'n Striethammel as Nover – es gibt Angenehmeres als einen Nachbarn, der ständig Ärger sucht.

Strippentrecker
Elektriker

Strolch
Schlingel, Herumtreiber
De Strolch höört ook to de Lüüd, de geern bi de Mohltiet sitten wüllt, wenn se man bi de Arbeit liggen köönt.

Stromer, Streumer, Streuper
Herumtreiber
All de Streumers drievt in Sankt Georg rüm as Strunt in'n Pißputt – dort lungern unangenehme Menschen herum.

Strotendeern
Prostituierte

Strotendietlein
Halbstarker

Strotendriever, Strotenjung, Strotenkeuter, Strotenoos
heruntergekommener Mensch, Herumtreiber; unartiger Junge
Paß man op, du Strotendriever, anners kannst mol de U-Bohn knutschen – sonst erwartet dich eine unangenehme Begegnung mit der U-Bahn.

Strunt, Struntje
frecher Junge, Flegel
De Strunt mütt den Katechismus mit 'n Mors lehren – man muß ihm alles einbleuen.
struntig – minderwertig, liederlich

Strunthoor, Struntoos
schmutzige Prostituierte
Bäh, dat Struntoos, dat backt jo as so'n Flegenfänger – ihre Unsauberkeit ist unverkennbar.

Stück, Stück Schiet
schlechter Mensch
Dat dumme Stück kann sick doch vör Slechtigkeit nich bargen – ist durch und durch verderbt.

Stuffelkloos
alter, zittriger Mann
De Been vun den olen Stuffelkloos sünd ook al möör as Appelmoos – er ist sehr gebrechlich.

Stummel
kleinwüchsiger Mensch
So'n Stummels as di hebbt wi freuher as Proppen op de Buddels sett –
Typen wie du dienten früher als Flaschenkorken.

Stummeldreiher
Zigarrenmacher

Stümper
Nichtskönner
Dreemol afsoogt un immer noch to kort, sää de Stümper.
stümperig – fehlerhaft; gebrechlich, schwach

Stutenfreter
eingebildeter Mensch
De Stutenfreter is bang, dat de Kuckuck em in de Handschen schitt – daß
der Kuckuck ihm in die Handschuhe scheißt.
Hamborger Stutenfreters – wird in Moorburg von den Ausflüglern aus
der Stadt gesagt, die durch ihr vornehmes Gehabe auffallen

Stutenoolsch, Stutentrina
ambulante Brot- und Backwarenverkäuferin

Stutzer
Geck, junger Mann, der sich ausgesprochen gut kleidet
De Stutzer hett 'n Dutz Froonslüüd to glieke Tiet an'n Band – er bandelt
mit mehreren Frauen gleichzeitig an.

Stuvenhocker
wenig aktiver Mensch, der Kontakte meidet
*Den Stuvenhocker müttst jeden Dag 'n barboorsch Füür ünner'n Mors mo-
ken* – man muß ihn ständig antreiben.

Suddel, Suddelfieken, Suddelgreet, Suddeltasch, Suddeltrien
schmutziger Mensch, besonders unsaubere Frau
Beter 'n Swien ünner'n Disch as 'n Suddel boven op – ein Mensch mit
schweinischem Benehmen ist am Tisch nur schwer zu ertragen.
suddelig – besudelt, dreckig

Süffel
starker Trinker
De ool Süffel kümmelt sick geern mol 'n lütten – er ist dem Trunk nicht
abgeneigt.

Sühst-mi-woll
geschniegelter, aufgeputzter Mann
Harri Sühst-mi-woll hett wedder sienen 5-Liter-Hoot op 'n Kopp – sein
Haupt ziert ein Zylinder.

De Swattrock

Sünnerkloos
eigenartiger Mensch (Sankt Nikolaus)
Dat is di 'n Sünnerkloos, liggt morgens halvig söven noch mit 't Mors in de Puuch, un dat as Huusmeister!

Suppensmitt
Köchin

Suupbroder, Suupbütt, Suupduun, Suupfatt, Suupjack, Suupjohann, Suupkopp, Suupkruuk, Suuplock, Suupmichel, Suupnikkel, Suupsack, Suupswien, Suup-ut
Trinker, Alkoholiker
supen – saufen, viel und regelmäßig Alkohol trinken
He süppt, dat sien Kehl meent, de Sündfloot keem – er trinkt unkontrolliert.

Suurputt
übellauniger Mensch
De Suurputt treckt 'n Flapp as 'n Ammer Essig – zieht ein Gesicht wie ein Eimer Essig.
suurputtig, suurputtsch, suursnutig, suurmuulsch – verdrießlich, mürrisch

Suusgreet, Suusmajoor, Suusmichel
Mensch, der seine Sachen oft verliert oder verlegt
Wat goot, dat de Mors anwussen is, anners wöörst du Suusmajoor den noch mol in't Bett vergeten.

Swadronöör
Angeber; Schwätzer
Watt mutt, dat mutt, sää de Swadronöör, verköfft sien Schoh un köfft sick 'n Prüük dorför.

Swattrapp, Swattsack, Swattsnuut
Schmutzfink
De Swattrapp süht ut as wenn he eben ut de Dranktonn krabbelt is – er ist äußerst unsauber, wie eben der Abfalltonne entstiegen.

Swattrock
Pastor

Swien, Swienbeest, Swienegel, Swienfarken, Swienhund, Swienjack, Swienpesel, Swiensack
schmutziger, unmoralischer Mensch
Dree Deerns hett dat Swien anner Johr sitten loten, un veer 'n dicken Buuk mookt – er hat die Bettgenossinnen wie die Wäsche gewechselt.
Swieneree – Schweinerei, unanständige oder gemeine Angelegenheit
swiensch – unrein; unanständig
swiendriest – dumm; sehr frech
swienplietsch – verschlagen, gerissen

Swiendokter
Tierarzt
Swienskopp
Mensch mit großem, häßlichem Kopf
Den Swienskopp kannst op 'n Dom utstellen – er mag als Jahrmarktsattraktion dienen.
Swienstüüg
Pack, Pöbel
An dat Swienstüüg mook di man nich de Hannen schietig – du solltest jeden Kontakt mit ihnen meiden.
Swierbroder, Swiergast, Swierjett, Swiermeister
liederlicher Mensch
De Swierbroder stinkt vör Fuulheit.
Swiereree – Zecherei
swierig – leichtlebig
Swietjee
Trinker; Lebemann, Schürzenjäger (wird mit franz. *suite* in Verbindung gebracht)
Jeden Obend geiht de Swietjee op 'n Swutsch, un annern Dag weet he nich, in wat för 'n Lock he ween is.
Swinnelbroder, Swinnelmajoor, Swinnelmarten, Swinnelmeier
Lügner
De Swinnelmarten lüggt gegen Stang un Mast an – die Wahrheit bedeutet ihm nichts.
Swuttjer, Zwutscher
Herumtreiber (→ *Swietjee*)
Ludn Fick, de Swuttjer, kennt all Löcker twüschen Blanknees un Billbrook – er ist mit allen Wassern gewaschen.
swutschen – ein liederliches Leben führen

Tähnbreker, Tähnklempner, Tähnpuler, Tähnschoster
Zahnarzt

Talglümmel
junger, unerfahrener Kaufmann

Tapetenheini
Tapezierer

Taps
ungeschickter Mensch, Tölpel
Mook man nich so veel Heckmeck, du Taps – verbreite keinen unnötigen
Streß!
tapsig – tölpelig

Tattergreis
sehr alter, hinfälliger Mensch
*Dat is di villicht 'n Tattergreis: kann nich mehr alleen ut de Büx, ober
de jungen Deerns mit de Ogen översluken* – Alter schützt vor Geilheit
nicht.

Teeputt, Teeschinees
dummer Mensch, Tölpel
*Du büst mi so'n Teeputt, steihst bi'n Bäcker un wullt dree Meter Mett-
wust keupen un hest keen Buddel mit* – bei dir geht einiges durcheinan-
der.

Tille
Prostituierte (abgeleitet von Mathilde)

Timpendreiher, Timpenfreter
Bäcker (*Timpenstuten* – vierzipfelige Brötchen)

Titten-Elli
Frau mit mächtiger Oberweite
Chottnee, wat hett de di 'n Titteratur, düsse Titten-Elli.

Tokel, Tokelpack, Tokeltüüg
schlechte Menschen, unangenehmes Volk
Wenn dat Tokeltüüg in de Gangen is, kriggst vun 't Tokieken Iesbeen –
dann beschleichen einen kalte Schauer.

Tollabbi, Tollknecht, Tollmops, Tollmuskant, Tollquiddje
Zollbeamter

Torfkopp
Dummkopf
De Torfkopp kann nich twee un twee tohooptellen – schon einfachste Be-
rechnungen stellen ihn vor unlösbare Aufgaben.

Toter

Landstreicher (eigentl.: Zigeuner, das Wort wird von Tatar abgeleitet)
De Toter will doch woll hier nich angreunen?! – er wird hier doch hoffent-
lich nicht bleiben (und Grünspan ansetzen) wollen.

Trien, Trina

einfaches Mädchen
Segg an, du Trina, wo kann 't angohn, dat 'n swatte Koh witte Melk gifft?
dumme Trina – dummes Mädchen

Trippelbüdel, Trippellieschen

langsamer Mensch
Seh to, dat du in de Puschen kümmst, du Trippelbüdel – beeil dich end-
lich!

Troonbüdel, Troonfunzel, Troonputt, Troonsuse

langsamer, traniger Mensch
Den Troonbüdel müttst du Peper op de Hacken streien, anners kümmt he
nich vun de Steed – wenn man ihn nicht antreibt, kommt er nicht von der
Stelle.

Trull

unordentliche Frau
So is dat mit de Trull: den besten Dreck lett se liggen – Schmutz und Un-
ordnung scheinen sie nicht zu stören.

Trump Söben, Trump Söß

dummer Mensch
He steiht dor as Trump Söben – er schaut verdutzt.

Truurklüten

Trauerkloß, jammernder Mensch
So'n Muul mook man, denn warst dat Blosen lehrn, du Truurklüten –
solch ein Gesicht eignet sich zum Trübsalblasen.

Truutsch, Drüütj

dumme, einfältige, unordentliche Frau (wohl abgeleitet von Gertrud)
Dat ool Truutsch dräumt doch ook den ganzen Dag bloots vun'n Sloop-
stuuv ut schier Makkaroniholt – ihre Ziele sind einfach und doch so
schlicht.
truutschig – verschroben

Tucke

Homosexueller
Erwin, düsse Tucke, de kann glatt mit 'n Wiesfinger punktschweißen –
sein Zeigefinger entwickelt die Hitze eines Schweißbrenners.

Tüdelbüdel, Tüderbüdel, Tüderheini
verwirrter Mensch; Schwätzer
De Tüdelbüdel kämmt sick mit de Hark un wascht sick mit 'n Backsteen –
er bringt alles durcheinander.
Getüdel – wertloses Zeug, Krimskrams; Geschwätz
Getüder – Gewirr, Verworrenheit; sinnloses Gerede
tüdelig – wirr im Kopf, durcheinander, vergeßlich
Tüffel, Tüffel Achteihn, Tüffelbax
ungeschickter, dummer, einfältiger Mensch
De ole Tüffel hett backboordsche Feut – er ist ein Tolpatsch.
tüffelig – stümperhaft, langsam
Tumpe
dummes Mädchen
Düsse Tumpe hebbt se dat grote A ook man mit Gewalt bibröcht – ihr
Schulerfolg war nur bescheiden.
tumpig – dumm, blöd; ungeschickt, tolpatschig
Tütendreiher
Krämer, kleiner Kaufmann
Tüünbüdel, Tüünhannes, Tüünmeier
Angeber; Narr; Schwätzer
De ole Tüünbüdel lett dörch as 'n dreug Ammer – er neigt zur Geschwät-
zigkeit.
Tüünbüdelee – Unsinn
tüünbüdelig, tünig – altersschwach, vergeßlich
Tüünkroom, Getüün – Geschwätz, sinnloses Gerede
Goh mi af mit dien Tüünkroom! – behalt deine Weisheiten für dich.
tünen – viel reden, phantasieren, Unwahrheiten verbreiten
Tweernbüdel, Tweerntasch
Schwätzer (wörtl.: Zwirnbeutel, -tasche)
De Tweernbüdel mookt vun jeden Bessensteel 'n Huusbalken – aus einer
Mücke einen Elefanten.

Udel
Polizist (vermutlich aus *Uul* = Eule, wegen gelegentlicher nächtlicher Betätigung)

Utbund
Ausbund, durchtriebener Mensch
Oskar Tiemann is 'n Utbund dör un dör, de verköfft di de Pudelmütz, de du sülbst op 'n Kopp hest – er betrügt dich, ohne daß du es bemerkst.

Utfeger
Bediensteter für einfachste Arbeiten im Haus, Handlanger, Faktotum

Uzer
Spaßvogel
Spooß mütt ween bi Beerdigung, sünst geiht keener mit, seggt de Uzer.
Geuuz – Stichelei
uzen – necken

Veelfratt, Veelfreter
Vielfraß, guter Esser
Beter de Buuk bast, seggt de Veelfratt, as dat dat Eten slecht ward – bevor das Essen schlecht wird, soll lieber der Bauch bersten.

Viez, Vize
Vormann am Kai; Hausverwalter

Vogel
eigentümlicher, sonderbarer Mensch
He is 'n bunten Vogel – er verhält sich auffällig und schrill.
vogelig – verrückt
Büst woll vogelig? Allens in de Welt kannst mi andreihen, man keen Morsprüük un keen hölten Backoven! – so leicht schmierst du mich nicht an (*Morsprüük* – Perücke für den Hintern).

Vullrigger, Vullschipp
aufgeputzte, mit Schmuck behangene Frau (eigentl.: voll aufgetakeltes Schiff)
Mit den Vullrigger kannst in eenen Törn noh Singapuur seilen, so as de optokelt is – sie zeigt alles, was sie aufzubieten hat.

Wackelgoos
Frau mit unruhigem Gang
De Wackelgoos beiert mit 'n Mors vun een Siet noh de anner as de Alster-dampers – sie schaukelt beachtlich mit dem Hinterteil.

Warftgrandi
Werftarbeiter

Waschkosak
Wäscherin

Wief, Wiefsbild, Wiefstück
unangenehme, zänkische Frau
Dat Wiefstück stritt ook noch mit den Paster üm Petrus sienen Boort – sie streitet mit, um und gegen alles und jeden.

Willem
Kerl, Angeber
Hannes speelt wedder den dicken Willem – er protzt.

Windbüdel, Windhund
unzuverlässiger Mensch, Windbeutel
Dat Geld, dat du düssen Windhund lehnt hest, kannst man mit swatte Kried in'n Schosteen schrieven – ganz abschreiben, es ist unwiederbringlich verloren.

Winkelavkoot
schlechter Rechtsanwalt, Winkeladvokat

Wippsteert
nervöser Mensch, besonders: unruhiges Kind
Uwe Kock, düsse Wippsteert, is överall dorbi, wo de Katt den Steert böört – ›Dabeisein ist alles‹ lautet sein Motto.
wippsteerten – stets in Bewegung sein
wippsteertig – unruhig, hastig

Wixer
Onanist; allgemein abfällig: widerwärtiger Mensch
Hau af, du Wixer, nu hest 'n Witz mookt, nu kannst to Bett gohn – verzieh dich!

Woterkruper
Zollbeamter

Wrack
heruntergekommener Mensch
Sven Pohl, dat Wrack, liggt vör de Pißbood un stinkt noh Kommodenlack – nach billigem Fusel.

Wrangeloors, Wrangelputt

unruhiger Mensch, der vorzugsweise mit dem Hintern drängelt
Vadder, hool den Soogbuck rin, de Wrangeloors kümmt to Beseuk – dem
kann nur ein Sägebock als Sitzmöbel dienen.

wrantig

griesgrämig, mürrisch
*Dat is di so'n Wrantigen, mit den kannst Kinner to Bett jogen, wenn du
gor keen hest* – seine Unausstehlichkeit ist kaum zu übertreffen.

Wrökler

Stänkerer, Mensch, der mit Vorliebe seine Mitmenschen ärgert
*Ohne Fleiß kein Preis, sää de Wrökler, as de Novers sick dat Hauen kre-
gen.*

wrökelig – unruhig, hinterhältig

Wruck

Stänkerer, unfreundlicher Mensch
*Nico Marx, de Wruck, hett doch 'n Visoosch as 'n Teller Brotsupp, dor
paßt immer noch 'n Slag rin.*

wrucks – ärgerlich

Wullmuus

Arbeiterin in einer Textilfabrik

Wutangel

jähzorniger Mensch
Op den Wutangel müttst oppassen, de kookt över as 'n Putt Grütt – er
braust sehr leicht auf.

Xanthippe
zänkische Frau
*De schall sick doch de Süük an'n Hals holen, düsse Xanthippe, so as de
an't Schafudern is* – alle Krankheiten möge sie erleiden, damit wir von
ihrem Reden verschont bleiben.

Zampelbüdelkontrollöör, Zampelgrieper, Zampeljäger
Zollbeamter (*Zampel* – über einer Schulter zu tragender Rucksack)
Zanz, Zanzel
Schwätzerin
De Zanzel sabbelt as teihn Pund greune Seep – ihr Mund schäumt beim
Sprechen.
Zausterbüdel, Zausterlock
Schwätzer
De Zausterbüdel froogt di glatt dat Hemd vun'n Achtersten – er fragt und
redet ohne Unterlaß.
Gezauster – widerliches, langweiliges Geschwätz
Zeeg, Zick
Ziege, häßliche, zänkische Frau
Vun Mariechen Bott, de ole Zeeg, seh ick an leevsten de Hacken – ich sehe
sie am liebsten von hinten.
Zegenbuck
Schneider
Zilla, Zilli
dumme, häßliche Frau (vermutl. aus Cäcilie)
*De ole Zilla weet ook nich wieder Bescheed as vun'n Füürherd noh 'n Putt-
steert* – ihr Wissensvorrat ist leicht erschöpft.
Zimtzick
häßliche, zänkische Frau; allgemein abfällig
Wenn se lachen will, geiht de doch in'n Keller, düsse Zimtzick – sie läßt
sich keine Freundlichkeit anmerken.
Zipp
dummes, törichtes Mädchen; störrische, streitbare Frau
De ole Zipp kunnst mi nokelt an'n Buuk binnen – auch nackt und um
meinen Bauch gebunden könnte ich ihr nichts abgewinnen.
Gezipp – Gruppe von Mädchen, ›Hühnerschar‹

Zippeltrien

unerfahrenes Mädchen (wörtl.: Zwiebeltrina)

De Zippeltrien hett ober ook vun nix keen Ohnung, ober dorvun 'n ganzen Barg – sie muß noch viel lernen.

Zottler

Dieb

Wat nich klaut is, is nich weg, sää de Zottler, dor hölp he bi't Seuken.

Zuckerschoster

Konditor

Zwetsch

dummes Mädchen

De Zwetsch weet nich, wat se vörn leevt oder achtern doot is – sie kann nicht einmal über ihren eigenen Zustand Auskunft geben.

Zwickel

eitler, auffällig gekleideter Mann

Pett di man keen Plummen in'n Mors, denn müttst Steen schieten, du ole Zwickel – bilde dir nur nichts ein!

WEGWEISER

1. allgemein schlechter Mensch: vorlaut, derb, grob, herrschsüchtig, rüpelhaft, gemein

Ballerbüx u.a.	Hauer	Oorsbackengesicht u.a.
Barmbek-Baschen	Hund u.a.	Oos u.a.
Baschkopp	Huuli	Plattendrücker
Beest	Jan Blaff	Rammer
Blaffer	Jan Braß	Rattje
Blauboort	Jan Knall-de-Döör	Rottenkopp
Bölkhannes	Jette	Rotzlappen
Brallmichel	Keerl	Rovenoos
Brüller u.a.	Klappsnuut	Rumpelpumpel
Bullenbieter	Klopper	Runks
Bullerballer u.a.	Kluntje	Ruugbeen u.a.
Bunk	Knasterboort	Sack
Buurngreetje u.a.	Knoken	Sackermenter
Deert	Knoker u.a.	Schandoos
Deuker	Knuffti	Scharnökel
Fall-in'n-Bree	Krack	Schinner u.a.
Fall-to	Kruck	Schreehals
Fischmamsell u.a.	Kujoon	Slo-dool u.a.
Fleutangel	Larmmoker	Snappsnuut
Flotz u.a.	leeg	Snauzbüdel
füünsch	Mettenmors	Sputtangel
Geelgatt	Mors u.a.	Swien u.a.
Goliath	Nillenkopp	Wixer
Grobian	Oors	

2. Draufgänger, unbändiger Mensch

Allerweltskeerl	Feger	Mallhammel u.a.
Beest	Feldwevel	Oberdietlein
Bieter	Füürfreter	Obermufti
Booskeerl	Halfstarker	Pappsleef
Briet	Hartdriever	Raudi
Buhmann	Hebenschächer	Rietenspliet u.a.
Bullerballer u.a.	Hein Grootmuul	Rottenbieter
Deuster	Helljäger	Sleef
Dietlein	Kanuut u.a.	
Dörgänger	Kehr-di-an-nix	

146

3. freches, lästiges, unangenehmes Wesen

Bengel	Flegel	Rabauk
Bloog	Flöötangel	Racker u.a.
Bötel	Flotz u.a.	Raudi
Briet	Frechmops	Rietenspliet u.a.
Buhmann	Hackenpetter	Rotzlümmel u.a.
Butt u.a.	Jiedel	Rüpel
Deusterdeern	Klabauter u.a.	Sleef
Dickflotz	Lümmel	Slüngel
Dietje u.a.	Oosgöör	Snauzbüdel
Fent	Pampmuul	Strotendriever u.a.
Flaps	Pappslee	Strunt u.a.

4. haltloser, liederlicher Mensch, unzuverlässiger Herumtreiber

Aiki	Fischkopp	Juppdi
Allerweltskujoon	Flabbi	Keuter
Bambuus	Fladderbüx	Klaffergatt u.a.
Bandit	Fladduus	Kniepoors
Barmbek-Baschen	Flegenklapp	Kujoon
Bötel	Flicksteert	Leuw
Broder	Flillerflaller u.a.	Lork u.a.
Brösel	Flunki	Lump
Buhmann	Flunkmadam	Monarch
Bummler u.a.	Fluus u.a.	Nuschfieken u.a.
Butt u.a.	Gammler	Pennbroder
Dagdeef	Grandmonarch	Ratsch u.a.
Dalf	Hans Damp u.a.	Rattje
Dammelbeest u.a.	Hauptswietjee	Restensuper
Dietje	Heiduck u.a.	Rümdriever
Dögenicks	Heiopei	Schrubber
Driedelmeier	Himmelhund	Schubbejack u.a.
Driever u.a.	Hinnerk	Sleuerfieken u.a.
Eckenstoher	Höllenbrand	Sleupbüx u.a.
Edelbriet u.a.	Hoppenmarktsleuw	Sludderbüdel u.a.
Fechtbroder	Jan Dwars	Sluntje
Fell	Jan Fummel	Strolch
Filu	Japs	Stromer u.a.

Strotendietlein	Swietjee	Truutsch u.a.
Strotendriever u.a.	Swuttjer u.a.	Windbüdel u.a.
Stück u.a.	Toter	
Swierbroder u.a.	Trull	

5. Dickkopf: starrsinnig, streitsüchtig, jähzornig

Bessen	Füürbeuter	Patzkopp
Bieter	Füürputt	Querkopp
Botterhex	Gewitterhex u.a.	Rand
Brattjer	Grabbeler	Rasmus
Bruusboort	Gröler u.a.	Riesbessen
Buck u.a.	Hammel u.a.	Satoonsbengel u.a.
Bullenbieter	Hebberecht	Schietenkleier u.a.
Deert	Hellbessen	Schrappnell
Dickkopp u.a.	Hittkopp	Schruuv
Dragoner	Höllenbessen	Stankangel u.a.
Droken u.a.	Huulbooj	Stinkbüdel u.a.
Dullbregen u.a.	Huusdüvel	Strietbüx u.a.
Dunner u.a.	Jan Dwars	Wief u.a.
Düvel u.a.	keddelhorig	Wrökler
Dwarsbüdel u.a.	Kleikatt	Wruck
Dweerkopp	Klotzkopp	Wutangel
Egenbuck u.a.	Knallfratz u.a.	Xanthippe
Feger	Kökendragoner	Zeeg u.a.
Feldwevel	Kreetler u.a.	Zimtzick
Feverkopp	Kreih	Zipp
Flohbüdel u.a.	Oolsch	
Fuulsnuut	Pastuur	

6. Nörgler: mürrisch, neidisch

brognatzig	Dweerkopp	Gneterbüdel u.a.
Brummbaß u.a.	Ekel u.a.	Gniesboort u.a.
Dibbelbüx u.a.	Flemmfiedel	Gnoosterboort u.a.
Dibberbüdel u.a.	Gnatterbüdel u.a.	Gnörrbüdel
Driesel u.a.	Gnatz u.a.	Gnurrhohn u.a.
Druusboort	Gneeskopp	Griesmuul
Dwarsbüdel u.a.	Gnegelhans u.a.	Griespermutt

Grummputt
Grüvelmann u.a.
Joochen
Knasterboort
Miesepeter
Muffkopp

Murk
Muulkloos u.a.
Niedhammel
Quälgeist
Quäsbüdel u.a.
Quengelputt

Sorgengeeschen
Stöhnbüdel
Suurputt
Truurklüten
wrantig

7. Dummkopf: töricht, einfältig, rückständig

Ammerkacker
Appelhöker
Baffkopp
Blackkopp
Bleudkopp u.a.
Blosenkopp
Büffelkopp
Bummskopp
Buttkopp u.a.
Buurbengel u.a.
Buurngreetje u.a.
Dämel u.a.
Deuster
Discher
Döösbartel u.a.
Döschkopp u.a.
Driesel
dumm u.a.
Dummbatz u.a.
Dussel u.a.
Dutz
dwall u.a.
Ebbkopp
Eev
Eierkopp
Elias-grabbel-an-de-
    Plank
Esel
Fratz u.a.
Geestkeerl u.a.
Goos
Grüttbüdel u.a.

Hammel u.a.
Handudel
Hans Oorslock
Hehn
Hein Doof u.a.
Heringskopp
Holtkopp
Horzerkopp
Hunkenbüdel
Jette
Jule
Kääskopp
Kackstebel
Kantüffelkopp
Klapskalli
Kloos Obendsegen
Klütenkopp
Knackstebel
Knallerballer u.a.
Koh
Kohmors
Lapp u.a.
Matz-Fotz
Mors u.a.
Muuloop
Nappnääs
Nusseljoochen u.a.
Oop u.a.
Oorsbackengesicht u.a.
Oß u.a.
Pannkoken
Pappkopp

Pesel
Piepenkopp
Piffer u.a.
Pißkopp
Plattfoot u.a.
Proppentrecker
Proppkopp
Puddje
Quappenkopp
Quast
Reetschieter
Reff
Rekel u.a.
Roßkeutel
Schietkopp
Schoop u.a.
Spacken
Spinootwachtel
Splienkopp
Stiefbuck
Teeputt u.a.
Torfkopp
Trien u.a.
Trump Söben u.a.
Truutsch u.a.
Tüffel u.a.
Tumpe
Zilla u.a.
Zipp
Zwetsch

8. alberner Mensch, Frohnatur, Streichemacher

Ducks
Faxenmoker
Fickfack
Fisematentenmoker
Fohrtenmoker
Gluddertasch
Gnickerbüdel u.a.
Gnickerschört
Grappenmoker

Grienboort u.a.
Grinskopp
Hans Harlekin u.a.
Hanswust
Jan Blaufink
Kasper
Kloon
Kneepmoker u.a.
Lachfatt

Luusangel u.a.
Musche Blix
Muuloop
Pajazz
Putzenmoker
Speelfieken
Spijökenmoker
Splienkopp
Uzer

9. unreifer, unwichtiger Mensch

Butenlanner
Büxenschieter
Dreekääs u.a.
Dreugmariner
Eev
Gast
Geelsnacker
Geuschen
Göör
Gooskopp
Gössel
Grashüpper
Grasmieger
Greunsnovel u.a.
Hampelkeerl u.a.
Handschendümel
Handvull
Hein Fienbroot
Held

Huulmichel u.a.
Jackelmors
Jammerlappen u.a.
Jan Daddel u.a.
Jökeloors
Kaffedrinker
Kaffekann
Karrmelksgesicht
Kiek-in-de-Welt
Knackwust
Knecht
Kreatur
Krinthenjung
Krischoon Krabbel-an-
   de-Wand
Kruup-ünner
Mickerbüdel
Mucker u.a.
Pappschinees

Pißbüdel u.a.
Plummenbengel u.a.
Quiddje
Rappsnovel
schewe Dree
Schiet u.a.
Schietbüdel u.a.
Schietenhöker u.a.
Schiet-in-de-Büx u.a.
Slucks
Sneuermoker
Speuker
Spink
Stackel u.a.
Steertholler
Stoppelhopser
Teeputt u.a.
Zippeltrien

10. Angeber, eitler Mensch

Angever	Geelsnovel u.a.	Pascha
Ballonkopp	Grasoop	Pingstoß
Blaffer	Groof	Pinsel
Boontjejoger	Groothals u.a.	Plusterjan
Breek-af	Hannepampe	Prohler
Dalf	Hehn	Schropenpüster
Dickflotz	Hein Fienbroot	Spinner
Dickmuul u.a.	hochstudeert	Stutenfreter
Edelbriet u.a.	Keekler	Stutzer
Fiffikus	Klaffergatt u.a.	Sühst-mi-woll
Figaro	Klookerjan u.a.	Swadronöör
Fischmuul	Klookschieter u.a.	Tüünbüdel u.a.
Fix-vörn-in't-Schapp	Lord	Vullrigger u.a.
Flunkerbüdel u.a.	Maioop	Willem
Fregatt	Musche Blix	Zwickel
Galionsfigur	Muulheld	
Geck u.a.	Oop u.a.	

11. nervöser, übereifriger, Unruhe verbreitender Mensch

Arbeitspeerd	Hildjäger	Rattgatt
Birser	Hummel	Ruckoors
Boontjejoger	Jiddel u.a.	Schüürbessen u.a.
Darmschinner	Klapperhack	Stippelsteert
Häkelbüdel	Klapperjaß	Streevkatt
Hibbel u.a.	Klöterbüx	Wippsteert
Hiddelbiddel u.a.	Rammelbüdel u.a.	Wrangeloors u.a.

12. geschwätziger, neugieriger Mensch, Ränkeschmied, Lügner

Apportendreger	Faselhans u.a.	Hein Tüün
Babbelboort u.a.	Flohbüdel u.a.	Heukendräger u.a.
Bloos	Fludderbüdel	Jabbelsnuut
Blubberbüdel u.a.	Flunkerbüdel u.a.	Jan Fuulsnuut
Dörpszeitung	Giftnudel u.a.	Jippjapp
Dröhnbartel u.a.	Häkelliese u.a.	Kääsblatt
Dwasselkopp	Hechtkeutel	Kiek-ut

Klappermuul	Plötertasch	Sänger
Klatschmuul u.a.	Plummenaugust	Slamatje
Klöönbüdel u.a.	Priembüdel	Sluderboos u.a.
Kokelhehn u.a.	Prootjenmoker u.a.	Snacker u.a.
Kösterkoor	Puttenkleier u.a.	Snoterbüdel u.a.
Leegmuul	Quackelkopp u.a.	Snüffler
Lögenbroder u.a.	Quarkbüdel u.a.	Snüürbüdel
Luurbüdel u.a.	Quasselbuck u.a.	Swinnelbroder u.a.
Miesmoker u.a.	Quatschkopp	Tüdelbüdel u.a.
Neeschieter	Rappeljule u.a.	Tüünbüdel u.a.
Peter Lügg	Reesbüdel	Tweernbüdel u.a.
Peter Neeschier u.a.	Roosterjette u.a.	Zanz u.a.
Plappermuul u.a.	Röterpuus u.a.	Zausterbüdel u.a.
Plattendrücker(sch)	Sabbelboort u.a.	

13. heuchlerischer, schmeichlerischer, hinterlistiger Mensch, Schmarotzer

Adder	Griespermutt	Restensuper
Ankeuteler	Kackerlattje	Ruffelwief
Apportendreger	Katt	Sirupsklüütj
falsch	Keutel-di-an-Kacker-	Slang
Ficheltasch	lattje	Slieker u.a.
Fladdusenmoker	Krööt	Smeerbüdel u.a.
Fotzenlicker	Kungelputt	Smeerlappen
Freefreter u.a.	Leegmuul	Snutensnacker u.a.
Glattsnacker(sch) u.a.	Oorskruper	Speckjäger

14. geiziger, gieriger Mensch, Kleinigkeitskrämer

Brüddelhans	Keutelkacker	Nickeldreiher
Filister	Kleibüdel u.a.	Nuttfutt
Geldbüdel u.a.	Kloos Kniep-Büdel	Pennendreiher u.a.
Giezangel u.a.	Klöterbüdel u.a.	Piesepampel
Gniesboort u.a.	Knicker u.a.	Pittje
Goldfoß	Kniesbüdel u.a.	Pöseler
Heeg-Op	Krinthenkacker u.a.	Püttjer
Hitschenplitsch	Luusfink	Raffke u.a.
Jachterkopp	Nauke	Schropel u.a.
Jan Giez	Nettfink u.a.	Sitt-op'n-Sack
Kacker	Neutschieter	

15. ängstlicher, übervorsichtiger, weinerlicher, feiger Mensch

Angstmeier u.a.
Angstpluck
Bangbüx u.a.
Bankeljöner
Beverbüx
Bibberkopp
Blarrkoter u.a.
Feuhlhans
Hans-bliev-to-Huus

Hosenfoot
Huulmichel u.a.
Jack un Büx
Jammerlappen u.a.
Jaulheini u.a.
Labberhannes
Mucker u.a.
Nuttgreet u.a.
Oben(d)kruper u.a.

Ohnboort
Peter Puup u.a.
Piepgoos u.a.
Puuchlapper
Rotzkeek u.a.
Schiet-in-de-Büx u.a.
Schoster u.a.
Snieder u.a.

16. fauler, träger, langweiliger, verträumter Mensch

Bremer
Dagdeef
Dämmerbüdel
Dibbelbüx u.a.
Dödel u.a.
Dreugbäcker u.a.
Dröhnbartel u.a.
Drüttelbüx
Feuhlhans
Fierboos u.a.
Fleuhfotz
Funzel u.a.
fuul

Fuulbraß u.a.
Gammler
Jan Fummel
Jappersnuut u.a.
Kluntje
Lohmpoot
Moosmarten u.a.
Müüschenpreester
Nachtmütz
Nöler u.a.
Nuddeljan
Nusseljoochen u.a.
Pesel

Plattendrücker(sch)
Rekel u.a.
Sittgoos
Slamatje
Slappsteert
Slaps
Slarpenflicker
Slinkfiester
Sloopmütz
Snarrbüdel
Stuvenhocker
Trippelbüdel u.a.
Troonbüdel u.a.

17. ungeschickter, oberflächlich arbeitender Mensch, Stümper

Appeldwatsch u.a.
Appelhöker
Brüddeltasch
Buurbengel u.a.
Buurngreetje u.a.
Dalf
Discher
Drümpel u.a.
Fall-in'n-Bree
Fall-to

Fluus u.a.
Fummel u.a.
Fuscher
Geesch(en)
Gniedeljan
Hangelbangel
Heesbees u.a.
Hitschenplitsch
Hunkenbüdel
Klabasterkopp

Matz-Fotz
Murksbroder u.a.
Nuschfieken u.a.
Prüünbüdel u.a.
Schoster u.a.
Schraffel Achteihn
Schropenpüster
Stümper
Taps
Tüffel u.a.

18. zerstreuter, verschrobener Mensch, zwielichtige Gestalt

Bibelgeeschen u.a.	Hex u.a.	Speukenkieker
Dräumbüdel u.a.	Kaffekiekersch	Sünnerkloos
Eumel	Kattenoog	Suusgreet u.a.
Herrgott	mall	Tüdelbüdel u.a.
Heß	snooksch	Vogel

19. Betrüger, Dieb, abgebrühter Mensch

Bandit	Hai	Püttjer Achteihn
Bedreger(sch)	Halsafsnieder	Quicksteert
Butt u.a.	Halunk	Räuber
Buurnfänger	Hein-geihst-mit-	Schinscher
Deef	lang u.a.	Schraffel
Filu	Heuhnerdeef	Spitzboov
Fingerfix	Kanallje	Spudder
Galgen u.a.	Klauer	Sputtangel
Gaudeef	Kröpel Achteihn	Stemmbroder
Gauner	Landhai	Utbund
Grapser u.a.	Langfinger	Zottler

20. armer, elender Mensch

Aschenprökel u.a.	Plünnenjokob u.a.	Snurrer u.a.
Beddelmann u.a.	Schropenpüster	Spudder
Grandmonarch	Schubbejack u.a.	Wrack

21. unsauberer Mensch

Aschenprökel u.a.	Klöterbüdel u.a.	Snottenlicker u.a.
Dreckboort u.a.	Pesel	Söög
Dreckfeger	Puttfarken	Sotthoken
Dreckkleier	Rotzlappen	Stinkadores
Eiermuul	Schettergreetj	Stinkfotz
Farken	Schietenkleier u.a.	Suddel u.a.
Grimmelputt	Sleupbüx u.a.	Swattrapp u.a.
Kackeboort	Smeerbüdel u.a.	
Kleibüdel u.a.	Smuddel	
Klierpoot u.a.	Snappenlicker	

154

22. Mensch mit körperlichen Auffälligkeiten aller Art: lang, dick, gebrechlich, alt, häßlich

Backbeest
Baggermoschien
Ballonkopp
Beerbuuk u.a.
Bessensteel
Bohnenstang u.a.
Büffelkopp
Bütt
Daddi u.a.
Daustrieker
Dickback
Dickmadam u.a.
Dickpans u.a.
Döschkopp u.a.
Drallbüdel
Dranktunn
Dreekääs u.a.
Drummel
Druvensnuut u.a.
Duffelsnuut
Dünndarm
Dutt
Dwarskieker
Ebeersbeen
Eendarm u.a.
Elefantenküken
Elend
Elvenfinger
Elvenripp
Fent
Fettbuuk u.a.
Finnsnuut u.a.
Fips
Flappmuul
Flunder
Frostkeutel u.a.
Gestell
Glatzkopp
Glippoog

Gluupoog u.a.
Griesboort u.a.
Handschendümel
Handvull
Hans Dünk u.a.
Heckoors
Hein Büx-to-lütt
Hemd
Hering
Heringskopp
Hinkeldei u.a.
Hökel
Humpeldei
Jack un Büx
Karrmelksgesicht
Kittoog
Klacks
Klapperbeen u.a.
Klapperjaß
Kloos Klump
Klumpfoot
Klumpfuust
Knickbeen u.a.
Knittermuul
Knokenjan
Knubbel
Krack
Kröpel
Kruupbutt
Kuddl Dutt
Küütsnuut
Laban
Langdalf u.a.
Leckoog
Liev
Linkspoot
Lulatsch
Mett
Mogeroors

Mors u.a.
Oont u.a.
Paddel u.a.
Pesel
Pööks
pucklig
Pummel
Purks
Puups
Quabbel u.a.
Qualle
Quappenkopp
Quesenkloos u.a.
Reck u.a.
Reff
Rumpelpumpel
Runkunkel u.a.
Sävelbeen
Scharunzel
Scheefbeen u.a.
Scheeloog
Schellfisch u.a.
Schietenhöker u.a.
Schrappnell
Schreckschruuv
Schrökel u.a.
Schruuv
Sladderdarm
Sleuks
Sludderbüdel u.a.
Smachtlappen
Smeerbuuk
Smoltmors
Speckbuuk
Spiddel u.a.
Spinootwachtel
Spookbeen
Spucht
Spudder

155

Stackel u.a.	Stuffelkloos	Wackelgoos
Stiefbuck	Stummel	Zeeg u.a.
Stomerbuck u.a.	Swienskopp	Zilla u.a.
Stötterbüx u.a.	Tattergreis	Zimtzick

23. eß- oder trunksüchtiger Mensch, Nascher

Beerliek	Köömbroder u.a.	Sluukhals
Dranktunn	Leckersnuut u.a.	Sluuk-över
duun	Naschkatt	Snapsdrossel u.a.
Duunsuper	Poggensluker	Snoopmuul
Fettbuuk u.a.	Punschmeier	Süffel
Freetbüdel u.a.	Puttenkieker u.a.	Suupbroder u.a.
Fritt-op	Rohmslicker	Veelfratt u.a.
Gedränksmann	Seutlecker	
Grogsnuut	Slickermuul	

24. Geschlechtsleben

Achterloder	Ische	Puffmoder
Allmannsfründ	Kookhoor	Pupe
Allmannshoor	Kruck	Puus u.a.
Bettj u.a.	Kuppelwief	Rees-Tille
Bötel	Lieschen Allerlei	Rieke
Buck u.a.	Loddel	Schandwief
Fleut	Lude u.a.	Scharpbüx
Fotz u.a.	Mamsell	Seibel-Tille
Froonjäger u.a.	Mietje	Strotendeern
Fummelhannes	Nunn	Strunthoor u.a.
Geesch(en)	Pißbuden-Lui	Tille
Grabbelheini u.a.	Poller-Elli	Titten-Elli
Heuhner	Puffboos	Tucke
Hoor u.a.	Puffgänger	
Hoorbuck u.a.	Puff-Lui	

25. Gruppen, Banden, Pack

Bagoosch
Banditentüüg
Beestervolk
Blogentüüg
Bloos
Buttjekoor
Deukertüüg
Drieverpack
Flotzenklub
Gäng

Genöck
Gesinnel u.a.
Görenpack u.a.
Hangelbangeltüüg
Hans-Joochen-Pack
Heidsnuckenlüüd
Horenpack
Jan Hogel un sien
Moot
Kropptüüg

Lumpengesinnel
Ooskroom u.a.
Pack
Rackertüüg u.a.
Räuberpack
Snurrerpack u.a.
Spitzbovenpack u.a.
Swienstüüg
Tokel u.a.

26. Berufe, Berufsleben

Aiki
Anklatscher
Appelmors
Babbi
Babutz u.a
Bäckerlattje
Bambuus
Bankerottmoker
Barkassenkutscher
Bessenheini
Bibelhusoor
Blackputtstipper u.a.
Blau u.a.
Blauen Hein(e)rich
Blickschoster
Blitzblank
Böhnfeger
Böhnhoos
Bontjekoker
Bookschoster
Boontjemann
Boortputzer u.a.
Bückelguste
Buckrutscher
Büdelneiher u.a.

Büdelschoster
Buttpetter
Dackhoos
Darmstrieker
Deckschrubber u.a.
Deegoop
Deelenjumfer
Deelenloper
Dödelmoker u.a.
Donkimann
Dreckfeger
Dreckkleier
Dreckswolk u.a.
Dreugaftheker
Duplikatviez
Elenrieder u.a.
Engel
Eulprinz
Farvenklattje u.a.
Faxenmoker
Fedderfuchser u.a.
Fegerviez
Feudelgast
Fiddeljan
Filzer u.a.

Fischküten
Fischmamsell u.a.
Fisch(markts)leuw u.a.
Fischmietje
Fleetenkieker u.a.
Fleetpiroot
Flegenweert
Fugenkieker
Fuselkreuger u.a.
Gammelhöker u.a.
Gastroot
Geelgeter
Gestkonditer
Giftmischer
Gottswindmoker
Gottswoortnohharker
Grabbeler
Grabbelviez
Grandi
Grandje
Grashüpper
Grassever
Graumann
Greunoop u.a.
Grieper

Grodensuger u.a.
Hackelssnieder
Hackenkieker
Halvenkilokieker
Handbengel u.a.
Hangelbangel
Hein Daddel
He-lücht
Heringsbändiger
Hobengrandi u.a.
Hobenmeister
Hobensnieder
Höllenjäger
Holtbuur
Holtworm
Hoppenmarktsleuw
Hosenkeerl
Hövelhingst u.a.
Jan Kladder-in-de-
 Mast u.a.
Kääshöker u.a.
Kacheloors
Kaffebödel
Kaileuw
Kanoolkruper
Kanzelpuper
Käpten Bums
Kattenkopp
Kattuunrieter
Ketelbobbi u.a.
Keutelfeger
Kitt u.a.
Kladderoop u.a.
Kliesterfritz
Kliesterputt
Klockenheiland u.a.
Klövenmors
Klütenbuur u.a.
Knackstebel
Knapphöker
Knastbohr u.a.
Kneetmuus

Knüppelkruper
Kombüsenhingst
Kontorhingst u.a.
Köömkoker u.a.
Koppschoster
Krinthenjung
Krinthenkacker u.a.
Kruper
Kruutkromer
Kuddl Daddeldu
Kulengräver u.a.
Kuli
Kulissenschuver
Kusenbreker u.a.
Lappenrieter
Lehmklüter
Leuw
Licht-un-Dichtmoker
Liemkoker
Loopmann
Loots
Lütt-un-Lütt-Weert
Marmelodenmoot
Meister Finsterglas
Messersmitt
Mettenseuker
Mietenschroper
Modenquetscher u.a.
Molerklattje
Muurklatscher
Neihfieken u.a.
Neihnodelgesell
Oorspauker
Pepersack
Pickdroht u.a.
Piependreiher
Pillendreiher
Pinselquäler u.a.
Pißbekieker
Pißtante
Plätthusoor
Plosterkasten u.a.

Plummensteuberer
Plünnenhöker
Plünnenjokob u.a.
Plünnenschoster
Postbüdel
Probenrieder
Prüünbüdel u.a.
Puffboos
Puff-Lui
Puffmoder
Puhohn
Puttenflicker
Püttjer
Putz u.a.
Putzbüdel
Putzlaputz
Quacksalver
Rattje
Rechtsverdreiher
Riemelschoster
Ritzenschuver
Rohmpietscher
Rohrpüüster
Rönnsteenschipper
Rosinenstengel
Rottenbieter
Ruffelhusoor
Rümdriever
Ruugpuddel
Ruutsmieter
Sackneiher
Schandarm
Scheefmuul
Schietfeger
Schiethuuskomman-
 dant
Schullenkniepersch
Schutensteuter u.a.
Seeleuw
Sirupslicker u.a.
Slarpenflicker
Slarpenmoker

Slickschuver
Smeermichel
Sniederlappen
Snutenfeger u.a.
Sottje u.a.
Specksnieder
Spiekerleuw
Spinootwächter
Stakettenmoler
Stohkrogenprolet
Stokendrücker
Strippentrecker

Stummeldreiher
Stutenoolsch u.a.
Suppensmitt
Swattrock
Swiendokter
Tähnbreker u.a.
Talglümmel
Tapetenheini
Timpendreiher u.a.
Tollabbi u.a.
Tütendreiher
Udel

Utfeger
Viez u.a.
Warftgrandi
Waschkosak
Winkelavkoot
Woterkruper
Wullmuus
Zampelbüdelkontrol-
  löör u.a.
Zegenbuck
Zuckerschoster

»Da lacht de Huulputt«

Die zwölf Illustrationen des Schimpfwörterbuches wurden von Johannes Nawrath in Linol geschnitten und hier verkleinert reprodziert.

Die Original-Linolschnitte sind als Grafikmappe unter dem Titel »Da lacht de Huulputt - Hamburger Charakterköppe« in einer limitierten und vom Künstler signierten Auflage im Verlag Schwarze Kunst erschienen.

Die Mappe enthält zwölf Grafiken, die in zwei Farben auf Rives-Bütten im Format 38 x 28 cm gedruckt wurden.

Johannes Nawrath, geboren 1955 in Neheim-Hüsten, lebt seit 1978 als Grafiker und Maler in Hamburg.

Ausstellungen unter anderem in der Kunsttreppe des Hamburger Abendblatts und im Literaturhaus Hamburg.

Die Mappe erhalten Sie im Buchhandel, bei der Büchergilde Gutenberg oder beim **Verlag Schwarze Kunst,** Stresemannstraße 384 a, 22761 Hamburg, Telefon 040 / 890 17 32